JIANG WENPING
FANGTANLU

东吴名家·名医系列
蒋文平访谈录
褚馨 著

东吴名家·名医系列

主　编　田晓明

副主编　马中红　陈　霖

丛书编委会（按姓氏笔画排序）

主　任　侯建全

副主任　田晓明　陈　赞　陈卫昌

委　员　丁春忠　马中红　王海英　方　琪　刘济生

　　　　时玉舫　张婷婷　陆道平　陈　亮　陈　罡

　　　　陈　霖　陈兴昌　范　嵘　周　刚　贲能富

　　　　徐维英　黄玉华　黄恺文　盛惠良　缪丽燕

学术支持

苏州大学东吴智库

苏州科技大学城市发展智库

苏州大学新媒介与青年文化研究中心

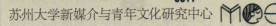

总序

留点念想

田晓明

在以"科学主义"为主要特征且势不可挡的"现代性"推进下，人类灵魂的宁静家园渐渐被时尚、功利和浮躁无情地取代了，其固有的韧性和厚度正日益剥落而变得娇弱浅薄，人们的归属感与幸福感也正逐步消失。在当今中国以"改善社会风气、提高公民素质、实现民族复兴"为主旋律的伟大征程中，"文化研究""文化建设""提升软实力"等极其自然地成为全社会关注的热门话题。作为一名学者，自然不应囿于自己的书斋、沉湎于个人的学术兴趣，而应该为这一伟大的时代做点什么；作为一名现代大学管理者，则更应当拥有这样的使命意识与历史担当。

一

任何"以问题为导向"的研究总是不乏高度的历史价值、使命意识和时代意义，文化研究也不例外。应该说，我对文化问题的关注和兴趣缘起于自身经历的感悟和对本职工作的思考。近年来，我曾在日本、法国、德国、美国等发达国家进行学术交流或工作访问。尽管这些国家彼此之间存在着很大的文化差异，但其优良的国民总体素质给我留下了深刻的印象。2013年5月，我应邀赴台湾地区参加了"2013高等教育国际高阶论坛"，这也是我首次台湾之行。尽管此行只有短短一周，但祖国宝岛给我留下了深刻印象：在日常交往中，我不仅深切感受到中华民族的优秀传统在台湾地区被近乎完整地"保留"下来，而且从错落有致甚至有些凌乱的古老街景中"看到"了隐含于其背后的一种持守和一份尊重……于是，我又想起了大陆在中华人民共和国成立之后，人们在剔除封建糟粕的同时，几乎"冷落"甚至放弃了很多优秀的文化传统；在全面汲取苏联"洋经"的同时，也一定程度上失去了我们的文化自主性。"文革"期间，许多优秀传统文化遭受的破坏自不必多言。改革开放以来，随着国门的"打开"，中华大地在演绎经济发展奇迹的同时，中华民族的一些优秀传统却没有得到同步保留或弘扬，极个别的优秀传统甚至还出现了一些沦丧的现象。这便是海外之行和台湾地区之行给我留下的文化反思与心灵震撼！

　　带着这份反思和震撼，平日里喜欢琢磨的我便开始关注起"文化"及"文化研究"等问题了。从概念看，"文化"似乎是一个人人自明却又难以精准定义的名词。在纷繁的相关阐述中，不乏高屋建瓴的宏观描述，也有细致入微的小处说法。可谓仁者见仁，智者见智。文化概念的复杂性也赋予了文化研究所具有的内容丰富性、方法多样性和评价复杂性等特征。黑格尔曾做过这样的比喻：文化好似洋葱头，皮就是肉，肉就是皮，如果将皮一层层剥掉，也就没有了肉。作为"人的生活样式"（梁漱溟语），文化总是有很多显形的"体"，每一种"体"的形式下都负载着隐形的"魂"。我们观察和理解文化，不仅要见其有形之体，更要识其无形之魂。体载魂、魂附体，"魂体统一"便构成了生机勃勃的文化体系。古往今来，世界上各地区、各民族乃至各行各业都形成了自己的文化体系，每一文化体系都是它自己的"魂体统一"。遗憾的是，尽管人们在思想观念上越来越意识到文化的重要性，但在日常生活和社会实践中，"文化"概念被泛化或滥用了，正如人们常说的那样：文化是个筐，什么都能装。

　　从文化研究现状来看，我认为存在两个方面的问题：一是文化研究面临着"科学主义""工具理性"的挑战和挤压；二是文化研究多是空洞乏力的理论分析、概念思辨，而缺少务实、可行的实践探索。一方面，在"科学主义"泛滥、"工具理性"盛行的当今时代，被称为"硬科学"的科学技术已独占人类文化之鳌头，越来越受到人们的顶礼膜拜。相比之下，人文社会科学在人类文化中应有的地位正逐步或已经被边缘化了，其固有的功能正日益被消解或弱化。曾经拥有崇高地位的人文社会科学已风光不再，在喧嚣和浮躁之中，不可避免地陷入了"软"科学的无奈与尴尬。即便是充满理性色彩、拥有批判精神的大学已经意识到并开始重视人文社会科学的教育功能与文化功能，但在严酷的现实语境中，也不得不"违心"地按照所谓客观的、理性的科学技术范式来实施人文社会科学教育管理和研究评价。另一方面，由于文化研究成果多以"概念思辨""理论分析"等形式表达，缺少与现实的联系和对实践的指导，难免给人以"声嘶力竭"或"无病呻吟"之感受。从一定意义上讲，这种苍白、乏力的研究现状加剧了人们视文化为"软"科学的看法。这无疑造成了文化研究和文化建设的困境与尴尬。

从未"离开"过校门的我，此时自然更加关注身陷这一"困境"和"尴尬"旋涡中的大学。大学，不仅是传授知识、探索新知的重要场所，也是人类文化传承与发展的主要阵地。她不仅运用包括人文艺术、社会科学、自然科学等在内的人类文化知识进行有目的、有计划、有步骤的高级人才培养，而且还直接担当着发展、创造与创新人类文化的历史责任。学界一般认为，大学具有人才培养、科学研究和社会服务三大功能。应该说，这样的概括基本涵盖了大学教育的主要任务。但从学理上看似乎还有值得商榷的地方。一方面，从逻辑上看，这三项功能似乎不是同一层次的、并列的要素。因为无论是培养高素质人才，还是产出高质量科研成果，都是大学服务社会的主要方式或手段。如果将社会服务作为单一的大学功能，那么是否隐含着人才培养和科学研究就没有服务社会的导向呢？另一方面，从内涵上看，这三项功能的概括本身就具有"工具化""表面化"的特征，并没有概括大学功能的深层的、本质的内涵。那么，有人会问，大学的本质到底是什么呢？我认为，在归根结底的意义上，大学的本质就在于"文化"——在于文化的传承、文化的启蒙、文化的自觉、文化的自信、文化的创新。因为脱离了文化传承、文化启蒙、文化创新等大学的本质性功能，人才培养、科学研究和社会服务都会成为无源之水、无本之木，而大学的运行就容易被视作简单传递知识和技能的工具化活动。从这一意义上说，大学文化建设在民族文化乃至人类文化传承、创新中拥有不可替代的重要地位甚至主要地位。换言之，传承、创新人类文化应该是大学的历史使命与责任担当。

如果说，大学的本质在于文化传承、文化启蒙、文化自觉、文化自信和文化创新，那么，大学管理者的主要职责之一便是对文化的"抢救""保护""挖掘"。这是现代大学校长应具有的文化忧患意识和责任感。言及大学文化，现实中的人们总是习惯地联想起"校园文化"，显然这是对大学本质的误解甚至曲解。一直以来，我坚持主张加强"文化校园"建设。"校园文化"与"文化校园"，不是简单的文字变换游戏，个中其实蕴含着本质的差异。面对"文化"这一容易接受却又难以理解的概念，人们总是无法清晰明快地表达"文化是什么"，有人曾做过比较详细的统计，有关文化的定义多达两百多种。既然人们很难定义"文化"的概念，或者说很难回答"文化是什么"，我们不妨转换一下视角，抑或可以相对轻松地回答"什么是文化""什么是没有文化""什么是文化缺失"等问题。我所理解的大学文化，在于她的课上和课下，在于她的历史与现实，在于她的一楼一宇、一草一木、一砖一瓦、一人一事……她可能是大学制度文化的表达，可能是大学精神文化的彰显，也可能是大学物质文化的呈现。具体而言，校徽、校旗、校训等标识的设计与使用是文化校园建设的体现，而创建大学博物馆、书画院、名人雕塑等，则无疑是大学文化名片的塑造。我曾发起和主持大学博物馆（即苏州大学博物馆）的筹建工作，这一"痛并快乐"的工作，让我感慨万千。面对这一靓丽的大学文化名片，我似乎应该感到一种欣慰、自豪和骄傲。然而，在经历这一"痛并快乐"的过程之后，我却拥有了另一番感受：在大学博物馆所展示的一份份或一块块残缺不全的"历史碎片"面前，真正拥有高度文化自觉或自信的大学管理者，其内心深处所拥有的其实并不是浅薄的欣慰和自豪，而是一种深深的遗憾、苦苦的焦虑和淡淡的无奈！我无意责怪或埋怨我们的前人，我们似乎也没有太多的时间和精力去责怪、埋怨，因为还有很多很多事情需要我们去落实、来实现，从而给后人多留下一点点念想，少留下同样的遗憾。

  这不是故作矫情，也不是无病呻吟，只有亲身经历者，方能拥有如此宝贵的紧迫感。这种深怀忧虑的紧迫感，实在是源于一种更深的文化理解！确实，文化的功能不仅在于"守望"，更在于"引领"，这种引领既是对传统精华的执着坚守、对现实不足的无情批判，也是对美好未来的理想而又不失理性的憧憬。换言之，文化的引领功能不仅意味着对精神家园的守望，也意味着对现实存在的超越。尽管本人并没有宏阔博大的思想境界、济世经国的理想抱负、腾天潜渊的百炼雄才，但在内心深处，我却始终拥有一种朴实而执着的想法：人生在世，"必须做点什么""必须做成点什么"；如是，方能"仰俯无愧天地，环顾不负亲友"。然而，正所谓"前途是光明的，道路是曲折的"，对于任何富有价值和意义的事情而言，"想法"变成"现实"的过程从来都不可能一帆风顺。在当下社会，"文化校园建设"则更是"自找苦吃"！

二

  人生有趣的是，这一路走来，总有一些"臭味相投"的"自找苦吃"者与你同行！

  2013年，我兼任艺术学院院长。在一次闲聊中，我不经意间流露出这一久埋心底的想法，随即获得了马中红、陈霖两位教授及其团队成员的积极响应。也许是闲聊场景的诱发，如此宏远计划的启动便从艺术学院"起步"了！其实，选定艺学院作为起始,我内心深处还有两点考量:一是"万事开头难"。既然事情缘起于我的主张和倡议,"从我做起"似乎也就成了一种自然选择。事实上,我愿意也必须做一次"难人"。二是我强烈地感到时不我待,希望各个学院能够积极、主动地加入"抢救""保护""挖掘"文化的行列。尽管从本质上讲这是一种历史责任,但在纷繁的现实面前,这项工作似乎更接近于一种"义务"或"兴趣",因此,作为分管文科院系的副校长,我不能对院长们有更多的硬性要求。于是,我想,作为艺术学院院长,我可以选择"从我做起",其示范和引领作用可能比苍白的语言或"行政命令"更为有力、更富成效。

当然,选择艺术学院作为"东吴名家"系列开端的根本想法,还是来自我们团队对"艺术"发自内心的热爱!因为,在我们古老的汉字中,"藝"字包含了亲近土地、培育植物、腾云而出的意思。这也昭示了艺术的本性:艺术来源于生活,但必须超越生活。或许也正因为艺术这样的本性,人们对艺术的反应可能有两种偏离的情形:艺术距我们如此之近,以致习焉不察;艺术离我们如此之远,以致望尘莫及。此时,听一听艺术家们的故事,或许会对艺术本身能够拥有更多、更深的理解。

英国艺术史家贡布里希在其《艺术的故事》开篇中有云:"实际上没有艺术这种东西,只有艺术家而已。"在各种艺术作品的背后,站立着她们的创造者,面对或欣赏这些艺术作品,实际上就是倾听创造她的艺术家,并与艺术家展开对话。这样的倾听与对话超越时空,激发想象,造就了艺术的不朽与神奇。也正是这种不朽与神奇,催生了"东吴名家"的艺术家系列。

最先"接近"的五位艺术家大家都不陌生:梁君午先生,早年在西班牙皇家马德里艺术学院学习深造,深得西方绘画艺术的精髓,融汇古老中国的艺术真谛,是享誉世界的油画大师;张朋川先生,怀抱画家的梦想,走出跨界之路,在美术考古工作和中国艺术史研究中开辟了新的天地,填补了多项空白;华人德先生,道法自然,守望传统,无论是书法艺术,还是书学研究,都臻于至境;杨明义先生,浸淫于江南传统,将透视和景别融进水墨尺幅,开创出水墨江南的新绘画空间;杭鸣时先生,被誉为"当今粉画巨子",以不懈的努力提升了粉画的艺术价值。五位大师的成就举世瞩目,他们的艺术都有着将中国带入世界、将世界融入中国的恢宏气度和博大格局。

五位艺术家因缘际会先后来到已逾百年的东吴学府,各自不同的艺术道路在苏州大学有了交集和交融,这是我们莫大的荣幸。他们带来的是各自艺术创作的历练与理念，艺术人生的传奇与感悟，艺术教育的热情与经验，所有这些无疑是我们应该无比珍惜的宝藏，在这个意义上，"东吴名家·艺术家系列"的编写与制作也可谓一次艺术"收藏"行动。

三

"收藏"行动在继续进行！随着"东吴名家·艺术家系列"的编写与制作告一段落，我便将目光转向了"名医"。这一探寻目光的阶段性聚焦或定格，缘起于本人儿时的梦想和生活经历。我自小在外公与外婆身边生活，身为医生的舅舅和舅妈对我影响巨大。舅舅的敏感和精明、勤奋与敬业，舅妈的才情和灵巧、细腻与矜持，尤其是他们与病人之间交往、交流的互动场景以及医院的氛围，给我幼小的心灵烙上了深深印记。应该说，舅舅和舅妈身上所折射出来的医生职业操守和人格魅力，不仅是我人生启蒙的绝好养分——"随风潜入夜，润物细无声"地滋养、熏陶着我的成长，而且也渐渐成为我的生活习惯和样态，进而萌生出人生的愿望与梦想——我想成为一名让人尊敬的白衣天使或人民教师！

儿时的梦想，总是比较简洁和朴素，有时还十分直观和现实。在我的思维积淀中，总有一种抹不去的儿时记忆和认知：医生和教师是人世间最崇高、最善良、最阳光的职业！因为几乎没有哪位医生不想救死扶伤的，也几乎没有哪位教师不想教人成人的。世上可以没有其他职业，但绝不可无医生和教师。这两种职业甚至超越了国界、人种、民族和意识形态等差异，因为任何人都会遭遇到生老病死的拷问，任何人都有接受学校教育的过程，绝大多数人也会面临子女教育问题，等等。因此，渴望成为一名医生或教师，便成为我儿时的梦想！

清楚地记得，我在高考志愿书上清一色填写了"临床医学"专业，但因为班主任私底下递交的一份"定向表"，让我儿时的"医生梦"彻底破灭了。因为这种"阴差阳错"，而今中国大学里多了一名不太优秀的心理学教授，而医院却可能少了一名出色的外科医生。身为大学教授的我，虽然内心偶尔也会流露出"得陇望蜀"的遗憾，但我知道，这是真正的"白日梦想"。"医生"，对我而言，只能成为一种永久的儿时记忆了。也许正是为了弥补这份心理缺憾，我将探寻的目光聚焦或定格于"名医"，便乃是情理中事了。

如果说，"东吴名家·艺术家系列"的编写与制作缘起于本人的文化理解和兼任艺术学院院长的"便利"以及与马中红、陈霖两位教授的"臭味相投"，那么，"东吴名家·名医系列"编写与制作能够成为现实，则是因为我和我的团队又幸运地遇上了一位"同道",他就是侯建全先生!在一次偶然闲聊时,建全兄得知了我内心深处的愿望和设想,他不仅给予高度褒扬,而且主动要求加入并表示全力支持。这真是应验了两句老话:有心栽花花不开,无心插柳柳成荫;踏破铁鞋无觅处,得来全不费工夫。在日常交往中,建全兄给我留下的印象是干练、圆融、义气,而他对医院文化建设的深邃理解与执着精神,以及他能跳出自己的"本位",全方位思考吴地医学文化传承与保护的视野和气度,又使我对他平添一份深深的敬意和尊重。尤其是此间我的工作岗位发生了变动,他依然一如既往地关心、支持此项工作的开展和推进,更是彰显出"同道"的意蕴与价值、友谊的诚挚和珍贵。

　　拥有了建全兄这样的"同道","收藏"行动进展得异常顺利。我们的笔墨和镜头此次定格与聚焦的几位名医也是大家耳熟能详的:蒋文平先生在六十多年的行医生涯中,在我国心脏电生理领域里倾注汗水和心血,贡献智慧和才能,是一位不畏艰难险阻和不知疲倦的探索者、创新者、开拓者。阮长耿院士,被尊为中国的"血小板之父",成功研制了以SZ(苏州)命名的系列单抗,应用于出血与血栓性疾病的基础与临床研究,始终坚持不懈地以学术引领中法交流,以科研点亮生命之光。杜子威先生,著名医学教育家、中国现代神经外科学奠基人之一,制定了首个中国人脑脊髓液蛋白电泳的标准值,培养出中国第一株人脑恶性胶质瘤体外细胞系SHG-44,建立了人脑胶质瘤基因文库,在中国脑外科研究和临床方面取得卓越成就。董天华先生,苏州骨科医学的开创者和奠基人,江苏省医学终身成就奖获得者,学医、行医、传医七十余载,德术并举、泽被后学、仁者情怀、大家风范。唐天驷先生是我国著名的骨外科专家,两次获得国家科学技术进步二等奖;他主持的"脊柱后路经椎弓根内固定"研究,被誉为我国脊柱外科的一大"里程碑",铸就了脊柱内固定的"金标准";虽到望九之年,他仍然工作在第一线,用高超的医术,帮助无数病人"站稳了身板""挺直了腰杆"。陈易人先生,是苏州乃至江苏全省的知名外科专家,曾经是省内医学界外科医学的领头羊之一;半个多世纪以来,他无私奉献,不计名利,坚持奋战在手术台旁,为千万个患者解除病痛;他还通过努力,和同事们一起把苏州大学附属第一医院的外科诊疗提升到省内一流水平。华润龄先生从医半个多世纪,学养深厚,内外兼修;他上承吴门医派著名老中医奚凤霖和陈松龄两位先生医脉,秉循吴地优秀传统文化的传袭,理法方药,思路清晰,用药轻简,救人无数,在中医业界和患者当中树立了良好的口碑,是当代吴门医派的杰出传承人和代表医家之一。李英杰先生,国家级非物质文化遗产项目指定传承人,潜心于六神丸技艺,一颗匠心守护绝密国药,将手工微丸技术代代相承,被誉为当代"中医药八大家"之一。

············

"收藏"行动将继续进行。随着"同行者"的不断加盟,"东吴名家"(百人系列)将在不远的将来"梦想成真"!为了这一美好梦想,为了我们的历史担当,也为了给后人多留点念想、少留点遗憾,让我们携起手来……

序

自古姑苏繁华地,不仅仅体现在经济与文化的长足发展,而且在中医领域也形成了著名的吴门医派。吴门医派作为传统中医体系,形成了一大批著名医家,且世代相传,比如绵延约八百年的郑氏妇科。吴门医派中名医多御医,由于医术高明,声名远播,仅明代姑苏籍御医就有七十多位。吴门医派为苏州人的繁衍生息和健康生存做出了卓越的贡献,也为传统中医文化的传承和发展贡献了苏州智慧。"东吴名家·名医系列"选择了华润龄先生和李英杰先生作为当代苏州吴门医派与中医制药工艺的代表人物,可谓实至名归。

历史上的东吴医派在当代通过名医传播、名药制作、名馆开设以及中医文化的现代化建设而得到发扬光大。与东吴医派并驾齐驱的是苏州日益崛起的现代医学和医疗。苏州大学附属第一医院,是国内具有影响力的知名三甲医院,多年来,在中国最佳医院排行榜中名列前50强,在中国地级城市医院100强排行榜中雄踞榜首。百年老字号医院,已然浓缩为医学领域的一笔宝贵财富,其重要原因之一,是它拥有一支实力雄厚的名医队伍。一所医院在民众中的口碑和信誉,很大程度上是凭借这些名医来创造的。在长期对医院的管理中,我始终不渝地坚持这一条,培养名医、建设名医队伍不动摇,这是医院建设和发展的硬道理。

名医不是天上掉下来的,名医荟萃的局面也不是朝夕之间就能形成的,其中,医生队伍建设至关重要。作为一所三甲医院,医生队伍是呈宝塔型结构的。名医是宝塔尖上的独领风骚者,他们也是从医生、从良医中脱颖而出的。对于医生队伍建设来说,我们的兴奋点和关注点,一是人才,二还是人才,三依然是人才。具体来说,一手抓名医队伍的建设,他们是医院的标杆、品牌,让他们带领团队,培养学生,充分发挥引领作用,提高医生队伍的整体水平。另一手抓青年医生的培养，这也离不开名医，以名医为师，从中发现人才。一旦发现可塑之才，就严格要求，压担子，创造各种条件，使他们成为名医。尊重名医、爱护名医、宣传名医，始终是医院工作的重中之重。作为医院的文化建设，整理和发扬名医的品德与精神，在当前显得非常迫切，这也是具体落实党中央的"把跨越时空、超越国界、富有永恒魅力、具有当代价值的文化精神弘扬起来"的指示。阮长耿、董天华、唐天驷、蒋文平、杜子威、陈易人六位名医的访谈正是在这样的背景下诞生的，是苏大附一院医院文化建设的又一重大成果。

一代代名医是医院文化的积淀，是苏州古今中外医学思想和精神的承继与传扬！"东吴名家·名医系列"所选八位名医虽然分属不同专业学科，但是他们有这样一些共性：

第一，医者仁心，他们都有崇高的医德。百年传承，使苏州有了"吴门医派"的金字招牌，也使苏大附一院积淀了"博习创新，厚德厚生"的文化底蕴。"厚德厚生"使医院百年来形成了"为患者、爱患者"的绿色医疗生态环境。这些名医用毕生的实践，诠释和丰富了"厚德厚生"的内涵。以德为上，为民服务，才不愧为真正的名医。董天华教授一直信奉"医德医术是一个医生的生命"，创造性地研究出将"美多巴"应用于治疗早期非创伤性股骨头坏死的新思路。几十年来，董教授淡泊名利、廉洁行医，收到病人的锦旗和表扬信不计其数，从未收受过病人的红包。他经常教诲年轻医生，要做好一名医生，首先要做一个品行端正的人，对待患者要有一颗仁慈的心，在诊治病人的时候，要时刻设身处地为病人的病情着想。慕名而来的患者除了仰慕他妙手回春的精湛医术，感恩他朴实善良的医者仁心外，更敬重他高尚的医德。华润龄先生秉持中医传统正道，妙手仁心，待患以诚，致力于中医领域的开掘，其学养、医术和医德得到业内同行和众多患者的嘉许，是一位有口皆碑的吴门儒医。

第二，大医精诚，他们以精湛的医术名扬天下，受到无数患者的爱戴。桃李不言，下自成蹊。名医活在广大民众的口碑中。他们敬业，痴迷于自己的理想，在长期行医过程中，不断总结，不断前进，最终登上自己事业的顶峰。陈易人教授，是我们外科的著名专家，一生兢兢业业，克己奉公，不计个人名利，用手术刀为千万个患者解除病痛，也把苏大附一院的外科诊疗提升到了省内一流水平。蒋文平教授，植入了中国第一例与第二例自动心脏起搏复律除颤器，从直流电消融到射频消融治疗心动过速，蒋主任参与了中国在该领域的起步性研究，接二连三地开创"中国首例"，在治疗心律失常方面立下了赫赫战功。脊柱外科医生是高技术、高风险的职业，稍有失误，病人就可能终身残疾。唐天驷教授作为一名医生，最大的快乐就是为病人解除痛苦，精湛的技艺是他毕生的追求，他一直坚持重视每一个手术细节，创下了数千例脊柱手术无瘫痪、无严重并发症的纪录。20世纪80年代，他主持的"脊柱后路经椎弓根内固定的基础和临床研究"被誉为我国脊柱外科的一大里程碑，铸就了脊柱内固定的"金标准"。

第三，敢于创新，与时俱进。这些名医不墨守成规，故步自封。他们是各自领域的弄潮儿、追梦人和风云人物。医学事业日新月异，每天有无数创新的成果面世。阮长耿院士建立了我国第一个血栓与止血研究室。他成功研制了以SZ（苏州）命名的第一组抗人血小板单克隆抗体，填补了国内空白，达到国际先进水平。随后相继研制成功抗人血小板、vW因子等苏州（SZ）系列单抗180多株，并应用于出血和血栓性疾病的基础与临床研究，其中5株SZ单抗被确认为国际血小板研究的标准试剂……阮长耿，亦被学界公认为我国血栓与止血研究领域杰出的开拓者之一。杜子威教授，1974年创建了苏州医学院（现苏州大学医学部）脑神经研究室，开展了脑神经疾病的基础研究，成功研制出国产醋酸纤维薄膜，首次制定了中国人脑脊液蛋白电泳的标准值，建立了中国第一株人脑胶质瘤体外细胞系SHG-44及其裸小鼠移植模型NHG-1、中国第一株抗胶质瘤杂交瘤单克隆抗体SZ39，在国内首先成功建立了人脑胶质瘤基因文库。传统中药制药名师、国家级"非遗"传承人李英杰先生经年潜心研习，以敬畏和专注传递中医药文化之魂，在不断创新中将传统制丸技艺发展至炉火纯青的地步。

长江后浪推前浪。医学事业的发展，需要各方面人才。本次推出的名医访谈系列丛书，目的是为了传承。我们的愿望是把名医的风采、经验作为财富，贡献给大家，可以一代又一代地传承下去。他们是"博习创新，厚德厚生"的杰出代表，我们也希望在他们的感召下有更多的名医涌现。人才辈出，才能使我们在当今的世界竞争中立于不败之地。

名医已经沉淀为苏州医学、医疗、医药发展的一种精神动力，历经传承与创新，浓缩为一种与时俱进的时代品格。八位名医访谈是"东吴名家·名医系列"的首批实录，历时三年，挖掘整理了老一辈名医的故事，以照片、文字和视频的形式完整真实地展现出来，以期丰富和拓展我们的名医文化建设，从而使我们的文化建设事业迈上一个新台阶。

苏州大学附属第一医院院长　侯建全

蒋文平

　　1932年出生于上海嘉定，我国著名心脏电生理专家。20世纪50年代毕业于大连医学院，毕业后赴匈牙利科学院留学，并在布达佩斯医科大学附属内科医院工作；1961年获得博士学位后回国，在中国医学科学院北京阜外心血管病医院心内科工作；1973年调入苏州医学院附属第一医院，历任心内科主任、大内科主任、副院长、院长。在六十多年的行医生涯中，蒋文平在我国心脏电生理领域里倾注汗水和心血，贡献智慧和才能，是一位不畏艰难险阻和不知疲倦的探索者、创新者、开拓者。2007年获得中国心电学终身成就奖。

负笈匈牙利

蒋文平在上世纪70年代

进行电生理检查的心电分析

蒋文平与同为心内科医生的夫人顾珉

目 录

001 总序
　　留点念想

特稿

003 蒋医生的使命

专访

025 站在医学的起点
026 新中国的医学院
032 选择之初
038 负笈匈牙利
046 医生生涯的最初

054 北京十年
055 在中国最好的心血管病医院
057 "让高血压低头"
063 "过后不思量"
066 成家立业

068　苏州蒋医生

069　动乱的十年终于结束了

074　只想做一个好医生

078　严格的大内科主任

083　家里的三位心内科医生

090　看病如探案

091　病人的每句话都要听进去

097　医生的治病思路

104　信息的"不对称"

107　医生的基本功

112　心脏病现场

113　世界上的各种心脏病

121　一次特殊的抢救

125　神秘的电生理王国

126　心电学会场上的热烈讨论

129　治疗心律失常的需要

141　中国最早的两台自动复律除颤器

145　心脏介入治疗

148　论药物

154　新兴学科更有可期

157　我的老师，我的学生

158　优秀的年轻人总是很耐苦

162　慧眼识珠

166　理想的医学院

171　医学的极限

172　疾病的发生

175　心脏病从哪里来?
179　医学的极限与作为
183　谁能代替心脏?
186　医生是仅次于上帝的人
189　中医点滴
191　也许还想做点什么

他人看他

199　黄俭:老师教的令我受益终生
207　惠杰:他搭建了一个广阔的平台
213　杨晓芳:老主任的人格魅力

附录

219　蒋文平:聆听心音(记录片脚本)
226　蒋文平年表

228　后记

特稿

蒋医生的使命

葆有初心

一部有关名医的访谈录,它的目标读者,或者说理想读者,应该是谁?蒋文平一贯低调,他自谦着"又不算丰富"的人生履历,也从头至尾怀疑着这部书的可看在哪里。学术上的成就,似乎离普通读者稍有距离;写给专业人士吗?可是我们又不会只谈心脏。问题悬而不解,却也在一次次采访的进行与完成中,感慨堆积,想法成型。理想的读者正从远处一点点推进,问题自动冒出,有时候我的提问,仿佛是在代人执行。

2017年年末,一份关于中国医生生存现状的调研报告正在医生们的朋友圈里转发、热议,大家都明白,"年轻医生正因各种原因离开医院"至今已不止一行耸人听闻的标题。"工作强度大""无尊严感""工作性价比差"这样的抱怨听起来与这个时代任何一份工作无异,主流价值观指向的成功,显然与这些描述背道而驰。总有沉不住气的年轻人正在逃离,或者酝酿逃离。此时,这部访谈录的整理已经接近尾声,高密度的文字丛林之中,这位医学大家惜墨如金地谈着个人的经历与过往,在侃侃而谈中流泻下来并停驻于访谈录中的句子,都是医学生涯中的金。

我甚至为很多年轻医生不曾有缘遇到这样的老师而感到可惜,那完全有可能是另一种际遇。年轻的时候,际遇总是重要,却也不是每个人都有可能遇到灯塔。师者,传道、授业、解惑,或以本尊成为榜样。蒋文平年轻时的际遇之中,即包括了与大家的并肩。他敬仰他们,受过他们的恩泽,学习他们的点滴,最终成了如他们一样的大家，业务精湛，儒雅高尚。

人与人之差别，也微也巨。起初也微，一步步累积，一程程放大，终至鸿沟。蒋文平的人生履历虽然华丽，却也如他自谦一般"无甚传奇"，他成为医学大家的一路，做人，做事，做学问，每一样都令人叹服，然而将他的医学生涯细细剖开了看，却都是跬步积蓄成的千里。从某种程度上讲，很多年轻的医生都有可能成为如蒋文平这样的大家，他的访谈录里会有很多可参考的路径。但是读完这部访谈录之后，你也许会明白，看似最容易的也往往最难，比如葆有初心，比如高度自律。

医生多睿智，与君一席谈，胜读十年书。谈古论今，也宏观，也家常，他们总是一针见血，自肉身的问题，见到社会的顽疾；但又宽容大量，觉得过去的事情"俱往矣"——不走那段弯路，又怎么到得了彼岸？或因见惯了生死，他们深知芸芸众生之中，个体的微不足道，所以有悲悯之心，但又务必执上帝之刃。

每一次访问蒋医生，头脑中都会一遍遍浮现出从前工作中认识与采访过的医生群像，相同的部分自然是熟稔的相同，不同的部分格外不同。蒋医生老派、传统、含蓄，但是又有非常兼容以及与时俱进的一面。这种看似矛盾的结合，在访谈过程中屡有见到，他几乎是将很多不可能都集结到了自己身上。他并非一位具备显性感染力的师者，但是真正的感染力自带与生俱来的"润物细无声"；这个时代所热衷的"成功学"令人颓丧，但是真正的睿智又令人甘之如饴。

每一份职业的坚守，不仅只是作为个人立足社会的意义，还是对自我的一种终极探索。年轻的时候，或许也很奢谈反哺社会这样的宏愿，但论一个人的终极追求，最后也还是那些高尚的念想更得心境上的优裕。时代变幻剧烈，人心难免浮摇，但若基层稳固，却也不是随随便便就可撼动的。做不做医生，人生都是一样的道理。这部访谈录有关如何成为一个好医生，或许也有关如何度过有意义的一生。至少在蒋医生身上，这两件事是同一个命题，也是花开两朵、各表一枝。

永不退休

交织于蒋文平身上的两种气质令人印象深刻，一是从容，二是紧张。从容是显而易见的，用来宽人；紧张则不那么容易察觉，因为只是用来律己。"终身教授"对于他来说并非一个头衔或者一种荣誉，而是一种真实的工作状态，他在八十耄耋之年，以一种外松内紧的工作节奏，每日一丝不苟，穿起白大褂，在老旧的办公室伏案,又在不同的病房之间穿梭。

时间的不够用,蒋文平将其归入"遗憾"一栏,而这也是紧张感的来源之一。有一次我们讨论时间的不够,他谈起年轻时的体会,"所谓够用不够用,都是相对而言"。彼年代里,他须调度自己在科研、临床、教学这些不同的版图之间不停切换,大脑里却是满满的问题永不停歇,就连走在路上的时候,亦有层出不穷的想法汩汩冒出……什么时间做临床,什么时间做教学,什么时间做科研,这些都没有明确的界限,有时候休息就是工作,工作也即休息。

年轻时他模糊了不同工作版图之间的界限,上了年纪之后他又模糊了工作与退休之间的界限。界限分明有时难免成为烦恼之源,很多人终其一生都无法平衡好工作与兴趣之间的关系,到了蒋医生这里却是举重若轻,别人只道蒋医生"永不退休",其实只是他永葆兴趣罢了。

诸多称呼之中,蒋文平最喜欢"蒋医生"这一声。他对职称、荣誉之类素来看得很淡,"蒋老师"可亲切也可恭敬,"蒋主任"使用最漫长也最是耳熟能详。年纪大了,又有很多人开始叫他"蒋爷爷"。还有人习惯尊称他"蒋院长",虽然他始终自谦做院长并非自己所长。

"我的长处就是做医生了。"

"蒋医生"三字无关年龄、资历、官职等一切多余的描述,白大褂穿起,"蒋医生"便可以做一辈子。尤其四十岁之后,很多事情看淡,也就更不把自己放入其中了。

蒋医生现在的办公室位于医院老区的10号楼。这是一栋历史悠久的二层红砖小楼,在周围新新旧旧、层次不一的各年代建筑的包围之下,毫不起眼,近乎隐身。但它位于门诊大楼、外科病房、内科病房的交界地,门前又是地下停车场的入口,其实并非一个安静而理想的工作地。车来车往的喧嚣与救护车的鸣笛声不时响起于窗外,这些嘈杂或者尖锐的声音只令普通人觉得耳刺心慌,或在医生耳中是否只道是寻常,又有一种振奋工作状态的紧张感?蒋医生对此笑了笑:"我好像听不见。"办公室里书柜林立,书卷井然,办公桌整洁,无一样累赘,不似办公室,倒像一间书房。一年之中最热的时候,窗帘半闭,燥热与喧嚣一并隔绝在外,这里已然是世界的中心。

现在的这栋红砖旧楼,外墙上挂起了很多互不相干的牌子,如"外用药发放处""门急诊部办公室""心脏介入",又或者磁共振某室之类,还有各科教研室也云集此处，无从安置的名称似乎都被集中于此地。但是这栋红砖小楼也曾是这家百年医院在天赐庄之外的第一栋医用建筑，长期被用作医院的大内科病房。四十多年前，蒋医生刚刚从北京调来苏州的时候，便在这栋楼里埋首工作。后来分科越来越细，心血管科、呼吸科、消化科、神经科——独立出去成为二级学科，大内科更是一个行政意义上的存在，这栋小楼的作用也就慢慢芜杂了起来。

建筑经年，内部自有难以克服的毛病。五月初夏在这里初晤蒋医生，他做的第一件事便是请我们将座位移至开阔处，又指了指残缺的天花板给我们看："当心掉下来哦。"这一年由夏至冬，于此间进行过十数次访谈，其实并没有什么墙皮掉下来的遭遇，访谈结束的时候已是十一月初冬，我忍不住抬头看了一眼天花板，已然有一块大大的空洞生成，恐怕上面再也不会有墙皮坠落。

医院曾经划拨一间条件甚为优越的特需诊室给蒋医生办公，可他待了短短一阵，还是回到了此地，理由是"物尽其用，每个房子都要用在最恰当的地方"。后来这里来得多了，作为访客的我，也一点点发现10号楼原来也自有它的"优越"之处：形如医院圆心的地理位置，令蒋医生从这里出发，无论是去门诊还是病区，都只需走一条最短的半径。他不看门诊，但还看病，学生们搞不定的病例，他在10号楼里接到电话后，抬步就到。

听诊器一直都揣在白大褂的兜里，如同战士的枪，时刻不离身。

并非每日都有重要病患寻上门来，但这种"时刻在线"的状态，蒋医生保持多年，已成难以消除的习惯。从履职实习医生的第一天起，他便每天都将听诊器携带于身边。听心脏音是心内科医生的基本功，五十年间无论检查手段如何翻新，他都最愿信赖这一副简简单单的器械，它刻板而精确，颇为考验医生，然而于病人毫无压力。蒋医生相信听诊器，也相信自己的耳朵。科技发达，形形色色的检查设备都会有，但若太过于依赖机器，耳朵失去训练机会，便会变得迟钝。通过听诊器来辨别心脏病，自是一个了不起的本领，蒋医生不愿丢弃这项本领。

有学生要从美国回来探亲，在线上问恩师："老师，可需要带一点什么？"蒋医生答："如果不嫌麻烦，就带一本最新版的《西氏内科学》。"学生忍不住多问一句："这些烂熟于心的东西何故还要再看？"蒋医生半开玩笑地说："说不定将来还要给阎王爷看病呢！"

医学一往无前，每日更新，一日不予追逐，就要落后。蒋医生看病、看书、整理、爬梳……以自己的方式，时时保持与填充着自己作为医生的续航力。他的办公室里摆放着七八个书柜，填充满满，外语词典与心血管疾病大典，蔚为壮观。案头总是堆砌厚厚的原版医学著作，又有两台电脑交替回复邮件与查询国外网站最新资料。每日伏案，沉浸其中只觉得其乐无穷，他确实是把钻研学问当成是终生兴趣之人。我曾经问他年轻时是如何做到克服诱惑、潜心学问，他答得非常坦然，充满了自信："我不习惯'东张西望'而已。"

旁人大约很难想象这样一位荣誉等身、桃李满天下的医学教授，到了鹤发年纪，照样会勤勉如学生一样跑去新华书店购买最新版本的医学教材。蒋医生不爱"东张西望"，只爱看书，他在医学最前沿奋斗的岁月里，恰逢现代医学发展最为蓬勃的五十年，这种生逢盛世是每一个医学工作者的幸运，但是更替太快亦令人紧张。比如蒋医生，他便十分谦虚地说自己对分子生物学"不太懂"。其实，不懂分子生物学的蒋医生，照样可以做好心内科医生的分内事，但是这个分子生物学似乎遥遥指向着心律失常问题的最终解决——这个问题纠缠了蒋医生或有大半辈子，但这个世界性难题，确实在他所处的这个时代，只能发展至此，无法前进。"好像已经走到了一个瓶颈。"蒋医生这些年读了很多关于蛋白表达方面的书籍、资料与论文，愈深入其中，愈发入迷。

身边人都知蒋医生素不爱应酬，通常下班后都直接回家吃蒋师母料理的饭菜。起初，我只当这是一名心内科医生在身体维护方面所生成的自律，后来渐渐察觉到，蒋医生虽然随和，但在不感兴趣的事情上面却也十分吝于时间的投入。做学问，当然要牺牲自己很多东西，"至少不能经常在外头吃饭"就算一例，他宁肯虔诚地坐在书桌前潜心做事。

也因为他所投注的很多时间都如砖石般构筑起人生中这一座庞然而神秘的医学王国，所以他格外不舍得让自己的余生在与医学不甚相关的事情上虚掷。我们很多次谈到职业医生的成熟期，他的言谈之中颇多珍惜再珍惜。医学生，哪个不是要在大学里读上七八年书呢，毕业后到了医院，还须从最底层的住院医师做起，又要在各科室辛苦轮转，五年复五年，及至当上主治医师已经三十好几。要独当一面坐镇专家门诊，差不多已经四十岁年纪。蒋医生笃信一个人要到四十岁之后，做人做事才可圆润、周到、自律，又有充分的责任与担当。所以，与漫长的培养期相比，如果一个医生的职业生涯只在法定的退休年龄之后便戛然而止，是不是有点可惜？

退休之后如果脱下白大褂"金盆洗手"，是不是从前所练就的一身医术都会慢慢消失？我问。

蒋医生想了几秒钟之后非常认真地回答说，可能真的会这样。

心内传奇

蒋医生专门看心脏病。再具体一点来说，他后来钻研最深的领域是心律失常。当然，之前蒋医生也研究高血压、冠心病，并且都已经走到非常前沿的地方。面对选择的分水岭，有时候是知难而退，有时候是知难而进，蒋医生后来选择了电生理，其实也可以反过来说，是中国的电生理事业选择了蒋医生。

我问蒋医生，医学院读书最后一年选择内科或外科，是一种随机选择，还是当时确已心有所属？

外科自有外科的乐趣，病人什么问题，剖开体表进入身体内部，医生肉眼便已能明察秋毫。然而内科不同，隔着具体各异的肉身，病人对于身体不适的阐述可能是条理井然的，也有可能是模糊不定的，这个时候，内科医生就好像福尔摩斯一样，循着一点点凑齐的蛛丝马迹，陷入沉思……

一个好的医生，必定擅于思考。蒋医生显然很喜欢这个形同探案的过程，病人的种种症候都是证据，一样样收集，一样样排除，最后留下的那些，指向了病情最终的方向。

内科那么多专业，可以说每一门他都很喜欢，也因为可塑性很强，其实学什么科都是可以的。早年大内科统摄时代，年轻的蒋医生也逡巡于呼吸科、消化科乃至神经内科各科，不同疾病都要看，都须懂。他还曾因为拜读过血液病专家陈悦书的著作，大生敬仰之心，崇拜极了，差点转投血液科门下。西医发展至今，分科愈发细致起来，但是探病原理大同小异，都有一个辩证思考的过程，病症抽丝剥茧，病因水落石出，到了具体治疗这一层再分径，专科医生这才各司其职。

要说何以献身心血管专业，起初也是阴错阳差。蒋文平1956年自大连医学院毕业这一年，年轻的共和国正在实施《十二年科学技术发展规划》，选派各个学科的人才出国深造，蒋文平因成绩优异而跻身其中。当时中国亟须解决的医疗卫生问题是传染病，他带着学习传染病的任务来到匈牙利之后，才发现这个国家的传染病极其罕见，最擅长的医学专业却是心血管。他当即将这个问题汇报给大使馆，大使馆又反馈回国内教育部，教育部同意了更换专业的申请。说起来，也是这个大胆的拍板，奠下了二十年后中国电生理事业的起步。

心脏，于胎儿期便开始搏动，一工作就是几十年，从无停歇。其他器官，如胃、肠、肾脏甚或大脑，总有可以或者说需要休息的时候，而心脏却无法休息，它一停歇，生命便告谢幕。

在普通人看来，心脏病可大可小，"大"至关于心脏骤停与猝死的联想，它们来势汹汹、躲闪不及；"小"则是因为某种程度的普遍性（高血压也算是心脏病微时），又仿佛俯拾即是。人们重视心脏病也或不以为意，在这个"三高"已成常态的时代，慢性病不足以致命便不会引起人们的警觉，然而高血压、糖尿病、高血脂这三样，无一不是冠心病的温床。高血压之困，其实也是医学界之愁苦。

蒋医生年轻时曾在中国最好的心血管病医院——中国医学科学院阜外心血管病医院任职十年，彼时他也投身"让高血压低头"的历史洪流。事实上，那时候中国人的高血压发病率已然不低，几十年过去，当时已经不低的发病率仍在攀升。高血压的发病机制至今不明，但是日益紧张的生活，难以言说的压力，悄然更迭的饮食，体力活动的锐减，都在一点点蓄积着疾病的发生。社会飞速发展，亦有并不在期待之内的顽疾作用于人类，当蒋医生察觉到"现在人们走路都会快一点"的时候，亦明白高血压于这个时代，是很难说想消灭就能消灭得了的。

所以即便身在临床，他仍是一位看重预防的医生，尤其后来研究冠心病，他更提出，冠心病的预防要从小孩子做起，给小孩子搭建一个健康合理的饮食秩序，更是家长的责任。作为医生，他十分清楚现今医疗手段的有限与掣肘，有时治疗并非根除，却只是改善症状。在美国医生和熊重廉教授的指导下，蒋医生做了中国第一例冠状动脉扩张术，但他一点儿也不乐见这样的治疗越做越多。造影、放支架、搭桥手术，在他看来都是马后炮，心血管领域内有些疾病是可以做到未雨绸缪的，只是病人不知，或者不屑。

过去五十年间，借力兄弟学科，现代医学已经发展成一门非常严密的学科，人类业已将疾病谱描绘清晰，如果将其比作一棵大树，大致已经枝繁叶茂，今天再要添一片叶子上去，都很不容易。但在某些地方还有不足，比如一些疾病的发病机制，发病的来龙去脉还说不完整；或者，如何发病虽然知道了，但如何根治尚无良策……蒋医生深信，在历史的进程中，未知的问题会变已知，却又难挡新的未知产生，永无止境。

心脏的奥秘，至今人类还没有穷尽。心脏结构复杂，心脏疾病也分得细致且井井有条。在十分偶然的机会下,人类发现了心脏在收缩时会产生电流,从此这个世界上便有了一门了不起的心电学。蒋医生在匈牙利留学时师从的欧洲著名心内科专家对心电尤有研究,所以彼时他投注了相当多的时间与心力用于心电实验。

心电是什么?原来心脏就像一台小型发电机,它发出来的电流可以用仪器记录下来。如果心脏有疾病,电流就会有改变。医生看到电流改变的状态,就可以判断是哪种疾病,这就是用心电的办法来反映心脏的疾病。

今日中国的心脏病疾病谱已与西方国家的大致相当,所面对的难题也大多相同,比如冠心病、心律失常。然而,心律失常这种疾病发作起来骤起骤消,普通的心电图检查难以捕捉,进一步的检查与治疗,就需要依靠更进一步的"电生理"。国际上,临床心电生理学自20世纪60年代中期开始逐步发展与成熟,吸引了一大批有志者为之探索。但是,电生理涉及的基础问题比较多,比如一些电的问题、一些生理学的问题、一些临床的问题,另外还要具备良好的推理能力,所以有不少人感到头疼,觉得这个东西不好掌握,也学不会。

蒋医生一头栽了进去,很多年后他终于回过头来,说了一句非常意味深长的话:"其实每个人只要钻进去了,都能学得会。"

没有电生理,心律失常的治疗就没法往前走,所以电生理是很重要的基础。心律失常的治疗一向复杂,也一直没有很好的解决方法,医学界踟蹰外围兜兜转转很久,看到里面五花八门,却一直走不进去。科研上的难,最难是起初,"最烦恼的是找不到门,门找到了,豁然开朗,别有洞天"。三十多年前,光临蒋医生的一束灵感,是借助食管调搏刺激心脏——他成功了。蒋医生总结说,门找到了,方向也就有了。国外开展电生理检查从起步到成熟,经历了二十多年的时间,而在中国,两三年的时间就赶上了。

蒋医生与中国的电生理事业互相选择了对方,是因为彼此再合适不过了。蒋医生很爱基础研究,动手做实验更是他所擅长的,一条路径眼看就要"此路不通",他触类旁通,翻转之下很快柳暗花明。在布达佩斯医科大学附属内科医院的时候,他上午看病人,下午做实验,实验对象是狗的心脏,心脏的压力与主动脉的压力都要记录,要插两根导管。年轻的蒋医生难免觉得麻烦,因此突发奇想:难道不能在一根导管上做两个腔吗?当时导师断定他做不成,"因为没有这样的管子"。蒋医生笑了,"美国就有这样的管子"。身在匈牙利的他,也是在翻阅美国医学刊物的时候留心到了这样的材料，后来买回一测，非常成功，终于可以在一张图上同步记下两种曲线了。实验成功，导师也非常开心，因为从来没有这样记录过，这是一个创举。

科学探索中的很多可能性都来自一些看似不可能的设想，而这样的设想有时候也来自广阔的眼界与勤勉的思考。蒋医生与他的同时代人一样，在时代的裹挟下，每个人都蹉跎了生命中的珍贵一段，有人怨天尤人，有人策马直追。蒋医生无暇为被时代打翻的牛奶伤心，"文革"结束前，他就挥别北京，举家迁来苏州，在天赐庄这个地方安顿下来，一心做事补回之前在时间上的损失，在诊疗病人和大学执教之余，又沉浸于文献之中，在两年的时间内看了十年的资料。他在电生理领域取得的研究与实践成果，便是这段埋首之后的厚积薄发。

后来开展心源性猝死研究，植入了中国第一例与第二例自动复律除颤器。从直流电消融再到射频消融治疗心动过速，蒋医生也参与了中国当时的起步性研究。接二连三的中国首例，都在治疗心律失常方面立下了赫赫战功。在今天这个专科细分时代，一个医生能看好某一疾病并树立权威，已经不易。蒋医生神勇，单项冠军拿了一项又一项，最后成为当之无愧的"全能王"，书写了一段颇为华彩的心血管传奇。科学王国的通行法则往往是"种瓜得瓜"，有时也会"种瓜得豆"，冷板凳坐久，才有一点点成就。他在非常年轻的时候便明了一个道理：做任何一件事首先要有兴趣，没有兴趣是做不下去的；但若真正投身一门专业或一个课题，深入下去，越做越透，用一生的时间都不够，但真到了以身相许的境界，所谓成就，水到渠成也好，失之交臂也好，其实都无所谓了。在电生理领域，蒋医生的课题后来又发展到细胞电生理，还开展药物电生理研究，把国外已有的电生理研究全部补齐，也令苏州大学附属第一医院达到全国电生理研究的最高水平。"我完成了自己做研究生时的夙愿。"感慨此时，已是步入老年的蒋医生，想想还有很多想做之事。

彼时，蒋医生领着大家走进了心脏电生理这个重要分支的大门。许多年过去，他们在心律失常领域解决了很多问题。然而心血管疾病依然繁复，依然有很多难解疑异，蒋医生时有蹙眉，觉得心律失常问题的解决依然称不上完美，依然缺少安全有效的治疗手段，不能预防，无法根治。不只心律失常，其实关于心脏病的所有病种，人类在过去五六十年间都已经有了非常清晰、完备的掌握——但是如何改变它们，如何让它们不发生，发生后又该如何完美地解决……依然未解。他预感电生理已经完成了它的历史使命，心律失常的未竟事业，可能要拜托更新的学科来做灯塔了。探索之路越走越远，已经走到了肉眼看不见的地方，病症或因心肌细胞表面一个受体的蛋白表达错误，应该有一些比电生理更进步的方法才能找到它们……蒋医生不止一次说过，如果自己还年轻，可能还会对心律失常基质的分子生物做一点研究。

蒋医生已经不再年轻，他常常说自己老了，不然还可以做很多事情。但他还是在做很多事情。

医者如侠

与蒋医生畅聊最多的，还是有关看病。他的"看病探案说"令人印象深刻，且他每每从兜里摸出听诊器来时的形象，也总能给人名侦探的联想。名医与名侦探的共同点是明察秋毫，它来自经验，也来自正确的思考路径。起初听闻蒋医生年轻时可以驾驭整个大内科颇惊奇，后来听他详细分析诊断原委，每回都听得津津有味，人体神奇，医学了不起，万物皆有规律可循，深究起来，一切都很有趣。

旁人难免觉得以蒋医生的名望，现在看病大概只是蜻蜓点水了吧？其实，蒋医生非常守职，问诊之仔细、详尽，后生恐不及。他总记得自己的老师曾经讲过，有时候仅是一例心绞痛，没有半小时都问不下来。所以他也总是跟自己的学生讲，医生要问得多，这样才能够去伪存真，"病人的每句话都要听进去，理解的要听进去，不理解的也要听进去"。

比如医生问"疼"。像疼痛这么抽象的事情，对于六神无主的病患来讲，大概也只是"有点疼""很疼""非常疼"的区别了，但到经验丰富的医生那里，是可以抽丝剥茧至很多个维度的，比如"上楼的时候疼不疼""疼了多长时间"等。举个例子来说，病人"从早上疼到了晚上"与"疼了几秒钟就过了"就完全不一样。蒋医生是很注意问到这种细节地方的，因他清楚地知道，如果他不主动去问，多数病人是不会想到说起的。问病史，当然是以医生提问为主，病人主诉也是跟着医生的思路在走。

对于放心不下的病患，他即收进病房，置于眼皮子底下，每日去看，有时一日几看，病情变化有时急转直下，治疗效果有时也背道而驰，蒋医生一边诊治一边反复思考，直至有一天水落石出，一举拿下。所以熟悉他的人都晓得，蒋医生常常来看的病人，往往是还有疑虑的；一旦蒋医生不怎么来看了，那就说明病人无碍，可以放心了。有时疾病隐匿，要过几个月病情发展了，才有特征表现出来，蒋医生因此不忘叮嘱病人过段时间再来复查。他总遗憾现在门诊看病，欠缺与紧张的全是时间，害得医生与病人之间不能仔细交谈，采集到的病史信息远远不够。

  蒋医生医术了得，除了因为他苦功夫下得多外，还因他对病人的认真细致，积累了深厚的实践经验。实事求是地讲，很多医生都做不到这样的事无巨细。耐心欠奉也好，思路不同也罢，或者都想做点大事情，细节的地方便不愿挥洒汗水。都以为蒋医生之所以是蒋医生，总有一些难以描摹的厉害，岂知真正的厉害都在这些为人所不屑的寻常地方。

  无论是对自己还是对学生，他都非常看重基本功的锤炼。医学固然日新月异，然而对于疾病的诊断，基本原理、方法其实没有变。蒋医生常常对学生讲，询问病史、体格检查、常规化验这三个步骤差不多可以完成80%～90%的诊断，"再剩下的部分，你觉得没有把握，才去做相应的检查。而不是病人一来，病史还没有搞清楚，就一大套的检查全都做了，最后就从一堆检查报告和化验单里归纳诊断。这是有问题的。"

  蒋医生总是讲，时代不同了，看病的方式可以不同，但治病的精神还是一样的。"现在设备先进了，化验精准了，指标多了，不需要像从前那样，须一次次观察病人的变化才可获得可靠的诊断，不同的时代有不同的工作方式，但对病人的关怀应该是一致的。"诊断手段愈多，当然很好，然而有时过于依赖机器会造成年轻医生基本功的缺失，也会令捷径成为绕道而行。而且医疗本身应该是人与人之间的关系，而不是机器与人之间的关系。

  学生们最是佩服蒋老师能从非常简单的症状联想到非常重要的点子上去。比如有的房颤病人总也治不好，大家只能就事论事，苦思冥想：这个房颤究竟怎么回事？只有蒋老师会跳出寻常思路考虑问题，要不给病人查个甲状腺功能吧？一查，果然是甲状腺功能亢进。他有一句名言是，心内科医生如果只会看心内科疾病，那一定不会是一个好的心内科医生。

  医学院有一门叫作诊断学的课程，蒋医生教过一届又一届，课程本身非常枯燥，听诊、叩诊、问诊，不易理解，又要苦背，但是非常重要。相同的症状，不同的原因，这就是鉴别诊断。比如，心绞痛、心肌梗死、心包炎、夹层动脉瘤、肺栓塞、胸膜炎、肺炎、带状疱疹……这些看起来风马牛不相及的疾病都会表现为胸痛，于千头万绪中找出主要矛盾，总要先练就一副火眼金睛。所以蒋医生总是说，学医最是不易，学制也长，因为要有渊博的学识，才可以当好一名医生。过去大内科时代，要求一个普通的内科医生能看很多病。现在时代不同，专业愈深，一个医生已经不可能掌握全部的医学技术，但蒋医生总也不忘记在课堂上告诉学生，作为一名医生，整体的观念必须有，否则分科愈细，医生的思路也会变得越狭窄，更会造成漏诊、误诊。

　　尚在医学院读书的时候，每每听到老师对复杂的疾病分析得有条有理，他总会十分敬佩；看到老师有广博的知识，更是羡慕不已。受老师们的影响，他想着毕业后自己也要成为这样厉害的内科大夫，因此老师的教诲都深深印刻在他的大脑里，化为利器，受益终生，又一一授予自己的学生。

　　蒋医生年轻时就读的大连医学院是1949年秋成立的医学院，汇集了一大批中国当时最著名的医学专家，他们做研究，也教授学生。因此，蒋医生年轻时候所受教育与训练的含金量极高。当年上课时做的笔记，他至今都完好地保留下来。后来在北京阜外医院与蒋医生一起共事的，也都是中国最厉害的专家，比如中国心胸外科泰斗吴英恺，再比如非常杰出的心血管专家黄宛。这些珍贵的人生经历，给予了他非同寻常的哺育。蒋医生也没有辜负这样的机会，一心向学，无半点分心。

　　蒋医生喜欢为人诊病，但他不看门诊。不是上了年纪之后的退居二线，而是早年就有这样的工作习惯。他所在的医院人才济济，他觉得自己不必再去占据"专家门诊"一席，否则病人都来找自己，其他医生的权威又如何树立？但是学生们如有拿捏不定的病例，照样可以带着病人来找自己。蒋医生不觉得这是兜圈子，他一边诊断病人，一边把诊断的过程罗列给学生看，于病人于学生，双重受益，这样既治了病人，又教了学生。

　　他不看门诊，也不愿当院长。20世纪80年代，蒋医生先当了几年副院长，后来又履正职。以蒋医生当时的德高望重，当是院长一职的不二人选。但是蒋医生自己不这样看，他认为做管理工作是自己的短板，思忖再三，终是请辞。三十年后回想这一桩，蒋医生透露："家里人都很懂我，无条件支持。"蒋师母自然理解并支持丈夫的决定，同为心内科医生的她，彼时也是另一家医院的"顾主任"，从前更是蒋医生在大连医学院的亲密同学，医生甘苦，她感同身受，蒋医生的抱负与苦恼，她也全部清楚。院长位重，但也有可能是一顶沉重的帽子，蒋医生想当医生，想做课题，精力有限，蒋师母深懂丈夫之心。

蒋医生判病谨慎,论事也实事求是。一路走来,耳闻目睹与亲身经历的都是生死边界的事情,惊心动魄的大场面并不少见,回望之时已经可以泰然处之。于病人,他有深切的同情,用他的话讲就是"如果没有同情心的话,一定当不了一个好医生"。但是,他又是一个冷静的医生,非常懂得甄别理智与责任的界限。尽力是责任使然,客观又是医学之道。做医生,理智与情感之间的考验颇多,生死命悬一线的重要关头,往往还要替人做决定,有时斗胆前进、奋勇相向,亦是侠客风范。

我曾问过蒋医生,在紧急抢救的时候,有没有对于死亡(或者讲抢救失败)的直觉与感知。他答当然有,经验多了便不难感知——由着经验的驱使,有时一边抢救一边明白这是徒劳,或者仍有一线生机。

做医生,当然也会有一些豪情万丈的侠义时刻,在可为与不可为之间,几乎是要冒死一战。曾经有一位病人,说起来,这位病人还是蒋医生从前的老同事,因一次交通意外受惊而导致夹层动脉瘤破裂,必须开刀。手术难度高,死亡率也很高,要换掉很长的一段大血管,要在腹主动脉里放支架。病情凶险,手术犹如在崖壁上行进,但若放弃治疗,所面对的也无非是"悬崖"。手术在心血管外科进行,术后险象环生,步步惊心,最终峰回路转。事后他才感慨,冒险抢救之所以成功,正是因为病人给予了无限信任,病人家属也是医生,对一切治疗乃至风险都予以充分理解。

自九死一生的手术中将同事从死神手中抢回,事后回想,这是一次难能可贵的经验积累。蒋医生感叹,任何生命只有一次,所以即使是极其危重的病人,也不能轻言放弃,任何抢救都有风险,不能因为怕担风险而放弃治疗,"但医生抢救病人不是无原则的不放弃,只要是意外事故或者疾病急性发作,只要有1%的生还希望,就要付出100%的努力去抢救"。

访谈愈深,愈发觉得蒋医生思维之缜密,即便到了耄耋年纪,亦非等闲。他不含糊,观点鲜明,但绝不偏激。世事多棱面,他逐面翻转。医生游走于生命内外,看多双刃剑这柄利器,生死大事从来没有折中或妥协,有时冒险一搏,有时听天由命,有时顺其自然,但最多时候还是怀着无限的敬畏之心。

录写蒋医生的人生,当然希望他的经历越不凡越好,但是作为普通人,又总希望蒋医生的行医录正是所有医生的缩影。看病是不是有时候就好像押宝一样?能不能碰到好医生,是不是也要看一点运气?蒋医生不置可否地笑,大多数门诊所遇,都是普普通通的常见病罢了。想了想他又补充,一些少见病的确也隐藏在普通病中间，但一些特殊类型的疾病在早期也无甚特别，后来终于被"捉"到，也不完全是因为医生的火眼金睛，其实也有可能是病情发展到了水落石出的阶段。

　　谨严的科学家，永远都是有一说一，这里再赘述一桩有关消融的事情。前面提过，治疗心动过速，从直流电消融到射频消融，蒋医生是战绩卓著的开拓者，但是他从不居功自傲，乃至后来一再反思：消融是不是应该少做一些？学生还记得他说过，要做一个好医生，那就要尽量少做消融。并非消融弊端难逃，而是临床上难免"为消融而消融"。消融不是唯一的办法，医生手法各异，熟练程度各有不同，并且也不是所有病人都具备适应证。

　　还有就是放支架，病人需要放几个支架，或者放怎样的支架，有时候很难一言概之，又有一些弹性的考量。这样的问题到了蒋医生这里是不成难题的，教科书上的治疗原则他永远谨记并且熟用至今——在取得相同疗效的情况下，应该优选比较经济的一种。但他也非一味替病人省钱，所有的建议都是基于对病情有利，站在对方的角度为病患考虑。蒋医生十分明白现今的医患关系症结在哪里，归根到底，他是很为病人着想的。

桃李不言

　　当年与蒋老师一起在暗室中分析病人十数卷心电生理记录，一起在中国电生理事业前夜摸索前行的学生，现在也已经到了退休年纪。丁酉年暑假，美国阿拉巴马大学医学教授黄俭返乡，此时距离他离开故土已逾二十五年；然而天涯若比邻，他与蒋老师因着共同的电生理事业，迄今仍保持有密切联系以及十足的默契。蒋医生曾讲，很多学生沿着他引领的方向，已经走得比他更远，走向更深邃。他们正在研究的课题，自己也或已经不懂，但他欣慰于他们的探索。

　　黄俭有幸成为"蒋家军"一员，当年他因仰慕蒋医生大名而拜其门下，亦以其勤奋与聪慧赢得了蒋老师的欣赏，逐步成为电生理学专家，远渡重洋，墙内生根墙外开花。也是在自己逐步迈入恩师当年年纪与状态之后，黄教授逐渐明白自己身上原来已经钤印了老师做事与做学问的方式点滴。比如做事"不等"，比如任何环境下都能想出办法来，比如没有条件也要创造条件。时过境迁，黄教授感慨，蒋老师严谨的治学态度使得自己受益终生："做电生理记录仪的时候他就说过，如果什么事都要等到条件具备再去做的话，那就什么都做不出来。"

他又永远记得蒋老师的授课方式，讲课的时候思路非常严谨，条理又很清晰，没有一句废话，以至大家都极爱听蒋老师上课，"他会一点点抓住你，很吸引人"。从不照本宣科将教材内容赘述一遍，对一个病种，通常会讲述这种疾病历史上是怎样的，现在还有什么问题，何以解决……他讲疾病现状，讲自己对这种疾病的看法以及治疗思路，很多都是个人的阐述以至自己的学术观点。

或在当时，还在做学生的黄俭只是被蒋老师的上课方式吸引，及至他自己做了教授，这才明白好教授来之不易。蒋老师对自己的严格，他并不能够全盘照搬带去美国的大学，但他明白老师的这种严格对自己的影响使他受益终生。在蒋老师身边的日子，实乃一生之中的大财富。直到今天，师徒每年都有机会见面。黄俭投身的心脏瓣膜与除颤器事业，老师亦有兴趣，每回交流，蒋老师都会兴致勃勃，以其对电生理事业的敏锐，发出来自临床视角的提问，对学生而言不啻很大的启发。黄俭后来离开临床，成为非常纯粹的科学家，但蒋老师那些自带闪光点的问题每每令自己深思，"从前蒋老师一再讲，我们做电生理，最后还是为了回到临床，去解决病人的问题。这是对的"。

在很多学生的印象中，最难忘的有一条便是蒋老师很严格。有时候一件事情做得不好，老师一个眼神，便足够自己心惊半日了。但在老师那里，严格即意味着厚望。蒋医生后来透露，有时对学生特别严格，其实是因为特别看好。过去三十年，他亲自带出来的硕士与博士研究生从数量上来说并不算多，但都是精挑严选出来的优等生。好的老师自有慧眼，而且又很懂得甄别，心灵手巧又很愿意做具体事情的学生更适合做临床，擅于提问与思考的或更适合做基础研究。蒋医生是一个十分懂得欣赏年轻人的长者，年轻人思考问题勇于突破固有框架，对于科学研究是非常可贵的品质。

优秀的人总是在年轻的时候便有显露，蒋医生替他们总结：他们总是有很强烈的求知欲，勤劳，又很能吃苦。时代不同，世界在变，但无论如何，这几样品质总是亘古不变的。

蒋医生与蒋师母都是心内科医生，二位又齐心协力将小儿子培养成家中第三位心内科医生。说培养也不尽然，因为决意学医又选择与父母一样的专业，都是小蒋医生自己的决定。蒋医生与蒋师母忙于各自的事业，两个儿子从小到大基本上是自我管理，大儿子数学专业毕业后入职银行，小儿子选择读医学院，后来又留美深造，学成归国后也当了心内科医生，并且也将自己的研究范围集中于心律失常领域。小蒋医生的选择，不能说完全与父亲没有关系。但是蒋医生讲，他并没有主动建议儿子学习心内科，也没有问过他这番决定如何而来。之前从不过问儿子们的作业，后来也没有比管学生多管一点点儿子的专业。学生是学生，儿子是儿子，学生论文每一个字他都细细看过，儿子则是交给其他老师去带，完全放心，几乎不管，"在我们家是这样的，他看他的书，我看我的书"。

　　说起来，小蒋医生学的也是电生理，放着家中如此威望的父亲不拜，竟要另寻他师去？蒋医生解释，一样的，没差别，他去美国留学，导师也是自己找的。归根到底，这也是一种深刻的民主了。他一再说过，每个人都应自己选择要走的路。两代蒋医生，其实在家中也甚少交流业务事情，老蒋知悉小蒋的方向，知道他现在在看什么病，做什么事，这便够了。至于怎么做，"那是他自己的事情了"。

　　以"放羊"模式养大两个儿子的蒋医生，对于教育，自有与别人不同的心得。从老师的角度出发，他当然喜欢成绩优异的学生，但他绝不唯分数论，无论是培养学生还是教育孩子，他都觉得为人比分数重要得多，好学、诚实、肯吃苦，这样的年轻人不会差到哪里去。人生道路上几位恩重如山的老师，他觉得自己从他们身上获益最大的，也非仅仅局限学术医术，做人做事方面，都受益匪浅。

　　他一再提到他们的名字：陈悦书、朱道程、熊重廉。

　　严格意义上讲，他们都不是他的老师；确切说来，他们都曾经是他的领导。陈悦书是在我国血液病领域极有影响力的一位专家，早年自上海中山医院调来苏州。蒋医生一直很荣幸能够与他同在大内科共事，他直言陈医生是自己的老师，那本薄薄的《白血病》，内容如此新颖，撰写如此精彩，能在那个年代写到那样的程度，已然顶级。那本书甚至一度影响自己想走血液病研究之路。但吸引他差点改换门庭的也不一定只是这本薄薄的书，陈医生的人品更让他敬仰。所以，不一定投在门下才可称其为老师，学其为人处事，受其风范影响，也是某种意义上的师承。

　　永远记得蒋医生谈起陈悦书时眼中的闪亮之光，那是一座高山对另一座高山的向往与敬仰。此种穿透了厚重时间依然灼灼的星芒，其实在他人谈起蒋医生的时候，我也曾捕捉到。与蒋医生同在一个病区工作过的护士长杨晓芳不假思索道，蒋主任绝对不会再有第二个。似乎怕我不信，她不禁加重语气又重说了一遍"蒋主任只有一个"。

　　采访蒋医生数月，他谈心脏，谈生死，感念恩师，寄言年轻人，但是很少有自我评价。他人对蒋医生的印象，都不约而同用到一个罕见的定语"高尚"。我有时会想,真正的高尚不止道德,亦包含了睿智。蒋医生的高尚,也来自这种自年轻时代便积聚起来的高瞻以及高度自律。他真正明白自己是谁,他非常懂得要以怎样的方式度过一生,他不计名利不是因为不需要名利,而是披荆斩棘之后的人生更加豁朗开阔,兴趣与抱负已经完全攫去了他全部的热情与热忱。

年轻的时候阅读达尔文的《物种起源》《生物进化》,深觉大自然比人体更奥妙,也因此塑造了自己对这个世界的看法。蒋医生当时就明白,任何生命来到这个世界都是匆匆过客,这一点影响至深,后来的日子不论喜怒哀乐,他都决定淡定度日,不求富贵,不求荣耀,只求安安静静、平平稳稳地做点实在事情。

那个时代的人,自有那个时代的幸福。但他又要为今天的年轻人说话:每个时代都有可期待的时代之光,只有一条一以贯之——要做出成绩,他要肯吃苦,还要肯牺牲。

牺牲什么呢?是啊,一物换一物,用珍贵的换更珍贵的。

大家都说蒋医生非常了不起,这个"了不起"可以具化到每一个层面,但是他本人却谦逊至极,低调至极,云淡风轻,物我两忘。旁人愈觉高山仰止,蒋医生笑笑,只道是寻常。他曾透露过自己挑选学生的两个要素:第一基础要好;第二人品要好。整轮访谈结束我才明白,这两点说易行难,却也是蒋医生自己的如实写照了。

生老病死

职业经历使然,蒋医生从不讳言"老"之命题,或也是逐日剥落的记忆力令他警觉。"我觉得我的记忆力明显不如从前。"前一日看到的内容,第二日已经想不大起来,蒋医生似乎也想过一些办法与之抵抗,比如一边看书的时候一边做一点笔记,办法有时候有用,有时候却照忘不误。他新买了一本《现代汉语词典》用来查勘一些忽然忘记怎么写的字,英文词典也因为使用频繁而被翻得愈旧。有时他觉得有点遗憾,仿佛察觉到工作生涯的终点线已经遥遥可见。他说再过一段时间可能就不能再来工作了。

犹记初晤,蒋医生听闻我们此番工作是为挖掘他的往事,不觉指着自己笑了起来:"哎呀,很多事情都已经封存掉了,钥匙都找不到了。"他又反问:"假如过去的事情都牢牢记得,一点都不肯忘记,这个事情也难办,是不是?到了一定年龄,很多事情是记不得了,还有一个就是说不清了。再有一个,人家跟你说,你也稀里糊涂。所以,记忆退化,烦恼就消失了,也是一件好事。"

所以,后来的这半年,我们的访谈几乎全部循着他的记忆线进行。他侃侃而谈的,一定是他愿意长长久久放在记忆中的;他闭口不谈的,大约也是记忆代他执行筛选之后决定遗忘或者忽略的。

有一次我们还谈到了阿尔茨海默病,并无指向,只是正好谈到。我们也很多次谈到肿瘤,谈到一些与心脏病完全无关的疾病。与一位老者探讨生老病死,总是一件感到抱歉的事情,虽然蒋医生毫不为意。或许在医生面前,不必讳言疾病,也不必讳言生死。生老病死本来就是生命体的一个组成部分。一个人来到这个世界或因偶然,但离开这个世界却是必然。蒋医生始终认为凡是生命体就应该有限度,无止境的长未必是一件好事。阿尔茨海默病固然给很多家庭带来了痛苦,但此种结束生命的方式或许也是一种难以脱逃的必然。

从前并没有那么多的阿尔茨海默病患者,是因为从前的人们还没有活到这个疾病发生的年纪便已离开这个世界。或许不久的将来人类确实可以找到攻克这种疾病的方法,但是还会有新的疾病涌现,生命不予终结,问题便会层出不穷。

生命是一定会终结的。他很多次说起医生的使命来:"我们并不能够帮助病人不死,我们只是尽量帮助病人活到预期的寿命。"

疾病与衰老,仿佛造物施于生命体的自带基因,它们潜伏于人体,自有一个默认的苏醒周期,但有时因人而异,也会提前或延后发生。比如说,每个人都会发生动脉粥样硬化,保养不善或在一些环节上出现问题的人,可能三四十岁的时候身体就会发生心血管故障;有人保养妥当,至耄耋之年,血管还颇有弹性,也从未惹是非。但是,衰老与疾病是一定会发生的,迟早而已。

医学之功用,是帮助人们健康地活到天年,至于这个"天年",可长可短。有一次我很乐观地说,人类的可预期寿命难道不是越来越长吗?苏州地区的平均预期寿命已经超过了八十岁。蒋医生一边微笑一边摇头,会有一个限度的。

继续讨论下去,慢慢衍至一个新的层面。是的,凡是存在的东西,都会消亡,不管有没有生命,无论有机无机。山也会消失吗?会啊,山河也会变迁,不过这已经不是一个医学问题,而是一个哲学命题了。

坦然看待生死命题,大约早已是一位医生的职业素养。普通人,恐怕已经习惯对医生报以很高的期待,希望他们点石成金,一把携起病患令其起死回生。但其实医生也非执掌生死大权,他们只是因为站在了一块高地,比我们看得更清晰与透彻，又有很多办法，可以在病魔气势汹汹奔来之际，助我们非常重要的一臂之力，奋力一抵，让病魔不至那么嚣张，或者不至太早将我们带去另一个世界。

疾病终究会来，所以医生既神圣，又无奈。蒋医生总是说，医生不是万能的，虽然医生是仅次于上帝的人。医学也是有极限的，虽然近五十年来现代医学的发展确实已经降服了很多顽疾。现代医学的目标与方向很明确，即了解疾病的发生过程、疾病的发生规律，让疾病推迟发生。所以，所谓预防，也是指推迟疾病的发生，而不是让疾病不予发生。

"不发生疾病是不大可能的，也不符合自然规律。人的自然寿命尚无定数，能到百岁已经是很了不起的事情了。但总归难逃自然规律，任何生物都是如此。"年轻时候蒋医生研习哲学，辩证唯物主义与历史唯物主义精髓深刻于他庞大的知识结构体系之中，在一生中的任何时刻，都给予他非常清晰的世界观与方法论，所以他看问题非常通透、全面，尊重客观。

不知是否因此，蒋医生对个人日常生活的管理，并不如人们所想的那么严苛。他不刻意锻炼，每日仅仅以步行上班代替锻炼，而且这段路其实也并不怎么长。喝酒也偶一为之，也吃肥肉，也吃蛋黄，没有我们想象中那种"闻胆固醇色变"的画面感。但是他不抽烟，也非刻意，就是从来没有养成过这个习惯罢了，所以也就无从谈戒除。戒烟对于心内科医生来讲是一个很重要的命题，因为烟草对心血管的损害是确凿的，所以一位不抽烟的蒋医生，对病人是很有说服力的。

蒋医生的睡眠也与普通老年人一样，每天可能只睡四五个钟头，睡眠无障碍，只是醒得早。蒋医生也吃安眠药，有时候吃，有时候不吃，不吃的时候也不心焦，并无心事挂心头，慢慢等着便是了。

不刻意并不代表绝对的宽松，蒋医生信奉的是"不过度"，自然而然，又有分寸。分寸感其实是一种非常重要的界限，看似没有界限的事情，其实都由分寸感这种软物质在慢慢调整阈值。

一辈子看了那么多的心脏，那么对自己的心脏会不会更有一种敝帚自珍的心情？会不会经常去查探一下它还好不好？于此事蒋医生安之若素："不会，也就是每年做一次普通心电图检查。心脏如果有问题，它会不舒服，它自己会告诉我。"

专访

站在医学的起点

- "成熟的医生通常擅于思考,正确的诊断既靠经验,也靠丰富的知识积累,更靠合乎逻辑的推理,最后获得正确的诊断。"

- "现代医学还是不完整的科学,还有很多未知。也许在历史的进程中,未知的问题会变已知,但又有新的未知产生,永无止境。"

- "做一个医生也不容易,不是说你从医学院毕业了,就能成为一名合格的医生了,你还要跟别人去学,做实习医生,做住院医生,一步步成长的。"

- "我觉得那个时候,很多事情还是很有人情味的,对待病人是有一种同情在里面的,也很愿意为病人做一些事情。有一些亲情的味道,也有友情的味道。"

新中国的医学院

褚馨 您在年轻时代走上医学之路,这是一个偶然的机会,还是一个酝酿已久的计划?

蒋文平 我在整个中学时代都没有接触过医学。我的老家在上海嘉定的一个小镇,小镇周围都是农村。我是在农村长大的,父母也都是农民。当医生,可能是有驱动力的,那还要从我的家人说起。

褚 您是家里的第几个孩子?

蒋 我前面有一个姐姐,这个姐姐在我不记事的时候就不在了。家里人告诉我说有一个姐姐,但我一点印象都没有。姐姐的存在感,大概就是每年清明节的时候,我们会去她的坟上磕一个头,但记忆全无。生了我之后,父母就再也没有生育孩子。在乡下,一个孩子嫌少,而且也怕孩子孤单,所以我奶奶娘家有一个孩子后来就被收养在我家,成为我的哥哥。其实在我出生之前,哥哥就到我们家了。我的哥哥现在也已经过世了,但小时候我们兄弟俩是一起长大的。

我父亲有一个弟弟,他弟弟在十六七岁的时候就不在了。后来根据他们的讲述,我猜他可能逝于伤寒,描述的症状与伤寒很像,比如高烧不退之类。虽然嘉定只是在上海的郊区,听起来也不远,但当时从郊区到上海市区去看病,也不是一件容易的事情。我对叔叔也没什么印象,只是知道有这么一回事情。但可能就是这两件事情的驱使,我在中学毕业以后,想到要去学医。

褚 那个时候考医学院也很难吧?

蒋 是的。我考大学那一年是1949年,上海已经解放了。农村中学出来的学生,要考名校还是有点难度的。1949年下半年,我去考了上海东南医学院。当时的上海东南医学院是一所私立大学,我报考的是医学系,但被录取的是药剂学专业,在这个专业班上课至1951年。我们家虽然是富农,但是解放以后,家里已经没有那么多的钱供我上学了。

褚 那所大学是私立的?

蒋 对,是私立的。后来这所大学搬迁到安徽去了,它就是安徽医科大学的前身。但是药剂学专业没有迁,还留在上海,后来成立了上海药剂专科学校。1950年,我在学校继续读了一年。

褚 所以那个时候就决定重新考另一所医学院?

蒋 是的,要重新考了。我自己衡量了一下,可能交不起学费,学不下去了。正好那个时候东北成立了大连医学院。大连市当时叫"旅大市",在苏联红军的管辖之下,就像一个特区。第二次世界大战结束之后,这个地方就到了苏联人手中,在这个地方新建了一所大连医学院。到1953年,旅大市就完全由辽宁省管辖了。①

褚 当时您在上海,怎么会知道东北新建了一所医学院?

蒋 大连医学院来上海招生的招生简章里写着:供吃供住,不要学费。这对我来说正好是一个契机。我去报考了,也被录取了,于是就去上学了。

我记得当时我们身上穿的制服都是学校发的,还有编号。学校在上海招了一批人,大概二百人。1951年3月,凡是愿意去并且被录取的学生,都去了大连,至1956年完成学业后才离开。当时很多人一起去,我想,去的人都带着各自不同的原因吧!但大家都觉得这个机会很好,因为有书读,学校还供吃供住,免收学费。

褚 那这所学校有没有要求毕业之后要留下来为学校或当地服务?

蒋 没有。

褚 这是国家创办的大学?

蒋 是的,当时名为"大连医学院",现在已经更名为"大连医科大学"了。这所医学院新建时,解放战争还没结束。大连医学院可能是中国共产党领导下创办的第一所正规的五年制本科医学院校。

大连医学院在建立之前,已经储备了我国一些顶级的医学专家。一部分老师是从上海第一医学院(现在的中山医院)调过去的,还有一部分老师是从国外回

---

① 1905年1月,日俄战争中,日本取代沙俄侵占大连,2月改俄称"达里尼市"为"大连市"。 1945年8月22日,苏联红军进驻旅大。11月8日,大连市政府成立。1953年3月,旅大市由东北大区辖市改为中央直辖市,行政区划不变。1954年8月,又由中央直辖市改为辽宁省辖市。1981年2月9日,国务院批准将"旅大市"改称"大连市"。

来的，都是进步人士。当时的院长沈其震曾任新四军卫生部部长，受命筹建了这所大连医学院。所以通过他的关系，学校还从香港及国外引进了一批非常有名的专家。比如微生物细菌学家魏曦、昆虫学家何琦、生理学家吴襄、药理学家张毅，还有古脊椎动物顶级研究员吴汝康，他教授解剖学。当时吴汝康刚从美国回来，就到我们医学院来教授解剖学课程，现在看看有点大材小用。后来因为成立了中国古脊椎动物研究所，他才离开。何琦是国际著名的昆虫学家，还有微生物学家魏曦，都是非常杰出的专家，就是他们两位鉴定了美国细菌战的一些罪证。所以这所医学院一建立，就有很大的影响，于我们也是一个非常好的机会。但我们当时并不清楚这些，只知道去了一所新建的医学院。

  1956年，我们学成毕业离开的时候，那些老师都一个个另有任用，也离开了大连。后来中国医学科学院成立，这些老师大多到中国医学科学院去了，成为中国医学科学院的创始人，后来他们又大多成为中国科学院的学部委员，现在称"院士"。

褚 1951年，朝鲜战争还在进行中，你们离战场那么近，不害怕吗？

蒋 我们入学的时候，朝鲜战争还在进行。在这样一个状态下，等于我们跑到前线去上学了。但是我们当时丝毫不觉得害怕，很高兴地去了这所学校。学校的教学、编制都沿袭着医学院的传统，不一样的地方在于，这一切都是在中国共产党的领导之下。

  进入医学院之后，我们经历了很多事情。首先就是抗美援朝，当时我们学生参与转运了很多志愿军伤病员。后来还经历了反细菌战——美国在东北扔下了细菌炸弹，魏曦和何琦等杰出的专家正好被派上用场。我们学生呢，就搞爱国卫生运动，告诉老百姓，如何预防传染病——这也是我们刚入学时经历过的。再后来，经历了各式各样的运动，在稍微稳定之后，我们就开始上课了。

褚 您当时读的是什么专业？

蒋 当时读医学系，五年制。我们3月份就入学了，去了就学俄语。学了半年俄语后，秋季开学后开始学习专业课程。

褚 当时学的课程您还记得吗？

蒋 学的就是当时医学院校开设的课程，与其他医学院校没有太大的区别。初进医学的门，根本什么都不懂，全靠老师教。第一年学的是大学理科的课程，包括无机化学、有机化学、分析化学、物理学、高等数学、生物学（包括医用昆虫学）；第二年开始上基础医学课程，包括比较解剖学、系统人体解剖学、局部解剖学、生物化学、生理学、微生物学等；第三年与临床沾点边了，开始上药理学、统计学、诊断学、外科总论、系统内科学、外科学、儿科学、妇产科学、传染病学、肺科（结核病科）学、五官科学、眼科学、皮肤科学等；第四年继续上临床学科的课程，第四年的下半年开始到临床做见习医生；第五年进临床做实习大夫……就这样一步一步学完医学院的课程，才知道要做个医生要学完多少课程。每天课程都排得很满，满堂灌，这些都必须学完。现在叫学分，那个时候还没有学分，但这些课程要学完。

褚 那么大连医学院的教学机制有没有沿袭苏联的医学院？

蒋 沿袭的还是我们国家过去的医学教育体制。我们的学制与当时的上海医学院的是一样的。也因为有一批非常顶尖的专家做老师，所以培养了很多优秀的学生。大连医学院虽然是新建的，但是发展得非常快，教学水平很快就与国内老牌医学院齐平。

那时候我们进去，上学不要钱，穿衣是制服，伙食也是公家供应，完全是国家包办。国家培养你，不收任何费用，可能也有国家层面的考虑，所以这些是与其他大学不一样的地方。学校里当时还有一部分学生来自部队，他们都穿着军装，是为部队代培的医生。所以我所在的年级当时很有意思，一部分人穿普通老百姓的衣服，还有一部分人穿的是军装，但是我们一起上课，分为军干班、地方班，上一样的课，但采纳不同的管理模式。不过从1952年开始，就没有军干的学生了。这就是当初建校时的情况。

褚 大连医学院现在已经改名为大连医科大学。

蒋 这个大学后来在"文革"期间搬去遵义了。所以现在的遵义医学院的前身就是大连医学院。但是"文革"结束之后，大连市又重建了医学院，就是现在的大连医科大学。所以大连医学院后来就变成了两所医学院校。现在这两所大学，校址都选得好，一所在召开遵义会议的地方，一所在美丽的大连海边。当时为什么要迁校到遵义，我也说不清楚，也许是三线建设的需要。

褚 当时的同学，后来是不是都成为很有威望的医学权威？

蒋 我觉得应该是。当时我们同班的同学估计有三分之一现在可能不在了，在的可能也都退休了。大部分都从医，只有一小部分可能做前期老师。

褚 前期老师是什么意思？

蒋 医学院学制五年，前面三年都是基础课程，称为"前期"；后面两年学习临床课程并到临床上实习，称为"后期"。我们一起毕业的同学中，有些在前期教书，有些则在后期做临床医生。

褚 但是这些顶尖老师后来都去参与筹建中国医学科学院，离开了大连医学院，接着便由早年毕业的同学接棒教职吗？

蒋 我们有很多同学都分布于全国各地，当时我们年级还有一部分同学是穿军装的。来自部队的全都回部队，从事部队的医疗卫生工作；来自地方的则回到地方去。所以大连医学院虽然在当时是所新建的学校，成立没几年，但对我们国家做出了很大的贡献，而且又完全是在中国共产党的领导之下。等于是你自己家里的孩子，要管就管，要说就说，安排去哪里就可以去哪里。孩子们毕业之后的去处，也都是服从分配的。

褚 当时还有中华人民共和国成立之前留下的医学院吗？

蒋 有的，几乎其他所有医学院都是中华人民共和国成立之前留下的。不过后来做了院系调整，有些搬迁到内地了。还有的是美国人留下来的，比如北京的协和医学院、苏州的博习医院都是美国人留下来的医学院和医院。

褚 大连医学院为部队培养的学生，后来都回部队去了吗？

蒋 是的。当时还没有军医大学，所以部队需要医学人才，也需要地方代为培养。

军医大学已经是后来的事情了。部队要发展，也需要大量的军医，所以开办了不少军医大学，这些军医大学都是为部队服务的。北京301医院、各军区总院，都是我们国家非常著名的一些医院。军医大学也是我们国家非常重要的医学院校，有它的特殊性。

褚 当时与来自部队的同学一起上课，是不是有种"一校两制"的感觉？

蒋 他们的军事化管理，对我们有很大的影响，因为有榜样在那里，我们好像也都有点约束。当时这样的地方院校设军干班培养军医，除大连医学院外，东北地区还有沈阳医学院、哈尔滨医学院等。同时，部队的军医必须按照部队的要求来管理，否则以后他们回到部队会不适应的。

褚 您是否也受到了这种军事化管理的影响？

蒋 学校生活和其他学校的大学生是一样的。那个时候好像没有什么诱惑，能上大学，能安静地坐在大学课堂里听课，已经非常满足了。

褚 相比其他专业，医学不太好学吧？

蒋 无论学哪门专业，我看都很难。学医学，科目确实很多，比如我们还要学昆虫学。你肯定要问，为什么医生还要学昆虫学呢？而且昆虫还要分类，昆虫的分类是很复杂的。当时还想，这和医学有什么关系呢？而且还要学习比较解剖学。我们从解剖鲨鱼开始，然后解剖兔子、解剖尸体。不同的物种，不同的器官，它们与人体有差别……这些看起来很枯燥，但是也很有趣，你知道了从前不知道的东西，那是很有意思的体验，而且恍然大悟，哦，原来是这样的！你看，也就不枯燥了。

褚 有一种获得知识的满足感。

蒋 从完全无知到逐步增长知识，再到恍然大悟这样一个过程——原来是这样的！知道了很多事情，不是应该很高兴吗？

选择之初

褚　当时您为什么选择内科，是因为内科学得好吗？

蒋　不是。可能偏爱一点内科吧。就是对内科的兴趣更大一点，看到老师们对复杂的疾病分析得有条有理，十分敬佩；看到老师们有广博的知识，十分羡慕。所以受老师的影响，想着毕业后自己也要做内科大夫。成熟的医生通常擅于思考，正确的诊断既靠经验，也靠丰富的知识积累，更靠合乎逻辑的推理，最后获得正确的诊断。

褚　诊断疾病，就是找到线索吗？

蒋　对。比如不同病人的病症表现各不一样，但肯定有一个主导方向。医生如果抓住这个主导方向，干预疾病发展，就能获得疾病的线索，甚至治疗方向。如果症状表现得五花八门，判断疾病又失去方向，难免就会走弯路，治疗上只能对症，不能从根本上针对病因进行治疗。因此，要求临床医生既具备理论知识，又有实践经验，还须辩证分析，才能做出正确的诊断。

褚　这需要很多经验。

蒋　经验很重要，但是也需要理论，那就是课本上的知识。现在很多疾病都已经为人所知，要发现一个新病种已经很难了。人类所患的病基本上有报告，都已写进教科书。有些病看起来似乎有点怪，那是症状特殊，或者是没有想到，又或者是地区性疾病，当地少见，而不是未报告过的疾病。比如当年的SARS，即传染性非典型肺炎，这个名称早就有了。SARS病毒是一种人类已知的冠状病毒变种，但没有想到它会如此广泛流行，传染力如此强，病死率如此高。其实SARS还是一种病毒性肺炎，但非一般的病毒性肺炎。到现在都还不清楚，SARS为何突然间暴发流行，又突然销声匿迹，流行过后再无病例发现。

褚　这五六十年间，就没有新的疾病被发现吗？

蒋　有，但基本上很少，就算发现的话，也是少见病。其实早在20世纪50年代的时候，医学界对一些疾病的认识就已经很完整了。

褚　也就是说，您在医学院读书的时候，人类就对疾病有了比较全面的认识？

蒋　基本全了。就像一棵树，基本上已经枝繁叶茂了。从20世纪50年代到60年代再到70年代，这棵树上，任何一个地方要给它增添一片叶子，都很难了。如果某个地方还少一片叶子，增补一片上去，那是非常不容易的事情了。

褚　您后来有没有增补叶子上去？

蒋　没有，就是浇浇水，让它更丰满一点而已。现代医学是一门非常严密的学科，已经很完整了，你只能去完善它。在某些地方可能还有不足，比如一些疾病的发病机制，发病的来龙去脉还说不完整；或如何发病虽然知道了，但如何根治尚无良策……所以，现代医学还是不完整的科学，还有很多未知。也许在历史的进程中，未知的问题会变已知，但又有新的未知产生，永无止境。

褚　举个例子。比如甲状腺癌，以前也有，但是未必知道，现在这种病很多见，一方面可能是因为疾患人数增加，另一方面也可能是因为超声设备越来越精细使早期诊断率越来越高的缘故。

蒋　是这样，以前也有，虽然很少，但基本疾病已经很明确了。甲状腺结节、甲状腺肿瘤、甲状腺炎、甲状腺功能障碍等疾病，20世纪四五十年代就已知道。五十多年以来，我们并没有在甲状腺疾病家族中再增加任何一种疾病。但自从有了现代检查、化验方法，我们对甲状腺疾病的认识更丰富，诊断更正确，分类也更明确了。

　　那是否今后真的不会有更多的新疾病被发现呢？那可不见得，不能盲目自信"所有的病都已经发现了"。随着诊断技术的发展，分子生物学技术在临床上的广泛应用，也许会发现现在尚不认识、还不能诊断的疾病。就像过去没有测量血压，没有血压计，就没有高血压病一样，有了血压计才有高血压病。随着认识水平的深入，随着新的诊断技术的应用，新的疾病就有可能被发现。

褚　您在大连医学院学习期间，是否已经对未来的医学生涯做过一个初步的规划？

蒋　没有太具体的计划，就是想着毕业后要做一名医生。做一名医生也不容易，不是说你从医学院毕业了，就能成为一名合格的医生了，你还要跟别人去学，做实习医生，做住院医生，一步步成长的。你会读书，不代表你就会看病，医学是一门实践性很强的科学。

　　做实习医生、住院医生，其实是很苦的。实习医生是最底层的，什么都要做，要接病人，给病人做最基本的检查，做一些必要的化验检查（当时的化验检查都是医生自己做的）。一个新病人入院之后，包括病人的血尿便常规、血糖，以及很多其他化验检查都是医生做的，还要在24小时内完成病历的书写……所以要是一天收进两个住院病人，你肯定忙得不亦乐乎。到第二天，上级医生来了，你还得汇报病史。汇报不是照着病历念，是要背的，比如这个病人是如何起病的，中间怎么变化的，一直到现在，为何住院了，等等。这些情况都要口述一遍，然后现在是什么状态，病人是什么病，做了哪些处理，你的看法又是什么……然后上级医生做完检查之后告诉你，你的判断哪些是对的，哪些是错的，还应该进行哪些处理……

　　实习医生就是这样一点点跟着学出来的，但是这样也很有趣，因为病人的脸上不会写着得了什么病，年轻医生如果能说清病人得了什么病，老师说你判断对了，大家都会非常高兴。就是在很多的"对"与"不对"当中，医生慢慢走向了成熟。有时候，病人的情况可能好几天好几个礼拜都诊断不出来，这个就要向上级医生一点点学，学习他的思维过程，他是怎么想这个问题的，怎么去伪存真、逐步筛选并做出正确判断的……这真的是从一个病人一个病人这样学来的。

　　所以，要成为一个比较成熟的临床医生，没有二十年的临床实践，是不大可能的。医学院通常五年制，进入大学都快二十岁了，出来二十四五岁，近三十岁的时候，通常也只做了五年的医生，还不成熟。所以一个成熟的医生，大多在四十岁以上。这也是一个医生成熟的黄金时期，这时，他的想法成熟了，处理病人也慎重了，不是想着什么就去试试看。可能这个年纪的医生，病人看着也比较放心。

　　从这个角度看，当医生很艰苦，每个医生都有这样一个艰苦的历程。但是这也是一个很有兴趣的过程，医生是一个有趣的职业。你从不知到知，经你治疗后看到病人痊愈出院，你会有一种成就感。

褚　所以，从一个年轻的医学院学生到一名成熟的临床医生之间的漫漫二十年，是以这样持之以恒的浓厚兴趣与点滴积聚的成就感逐渐支撑过来的？

蒋　对的。如果他对这门学科没有兴趣，确实是会感到痛苦的。

褚　最初的兴趣与爱好是从哪里来？还是在选择之初就有的？

蒋　我是选择之初就有的。可能是因为看到家中有病人，有所触动。有的人进校之后才发现实在对医学没有兴趣，后来就退学了。当然，我所在的这所学校退学有点难，因为学校是全免费的，不能不愿意学就中途离校，那样对得起谁呢？所以，只有那些实在无法坚持下去的学生，才选择了中途放弃。

兴趣是逐步产生的。学习一样不懂的东西，总归比学习一样已知的东西兴趣要大。当进入这个领域，慢慢地知道人体结构、生理功能，产生的问题就多了，自己会去找资料、寻找答案，兴趣慢慢就增加了。做一件事情，慢慢钻进去了，就会有兴趣。兴趣是培养出来的。

褚 您刚说起课程很多，其中有没有心理学、伦理学？

蒋 当时的医学院还没有开设这样的课程，但现在的医学院似乎都增设了这些课程，我觉得很有必要。现在的医学院教学，与我们当时已经有很大的不同，有些基础方面的还一样，但基础学科的内容也不同了。我们那时要学比较解剖学，现在肯定不需要了，但可能要学分子生物学、遗传学。从20世纪50年代到现在，已经六十多年过去了，肯定有很多不同。

褚 与现在相比，可能当医生都有不同的体会。

蒋 怎么说呢，各有不同。我觉得那个时候，很多事情还是很有人情味的，对待病人是有一种同情在里面的，也很愿意为病人做一些事情。既有一些亲情的味道，也有友情的味道。医生与病人之间的关系在那个年代比现在更有人情味。现在的人情味相对就要少一点。

我们过去做实习医生，与病人的关系是现在想象不出的。我在外科实习的时候，因为还没有小儿外科，小孩开刀都需要住在成人病房。我记得有一个三岁左右的小男孩，幽门肥大，一吃东西就肚子疼，还呕吐，到底得了什么病，开始并没有诊断确切。那个时候的实习医生管一个病人，什么事情都要一起管，一直和病人在一起，这个病人就是认你的。要诊断清楚得去摸一下肚子，但是小孩子的肚子不大容易摸得到，因为他不配合，所以只有与孩子天天在一起，混熟了，抱在手里，才可以摸到他的肚子。一摸，摸到一粒花生米一样的东西，老师就说，可能是幽门肥大。那个时候完全靠体征，靠医生的分析与判断来诊断疾病。诊断清楚了，要进手术室，孩子无论如何都不配合，除非你抱着进去，因为已经跟你混熟了嘛，那个家长就认你这个医生帮忙抱进去——如果不是和病人建立了感情，他是不可能将这样的信任交予你的。孩子接受麻醉的时候很害怕，会一直抓着你的手不放。手术结束，你再把孩子抱出来。

褚 这位实习医生是您吗？

蒋 是啊，过去的实习医生都是这样的。那个时候，病人对医生的信任也是超乎想象的。当时我们在东北，一些老病人因治疗无效而去世之后，我们为了弄清楚具体死因，想做解剖，这时大多数病人家属通常不会反对。如今，这样做是不可能的。现在死亡的病人，一例解剖都得不到。

褚 为什么要得到病理解剖？

蒋 临床诊断与病理解剖有时候不完全是一回事。假如你得到的解剖病理与临床诊断不是一回事，那就得思考了：到底错在哪里，我的思维方式哪里出了毛病？反思这些错误，可以逐步修正我们的想法，错得越多，积累的经验也越多。现在可能就没有这么多来自病人的资料。我觉得那个时候医生与病人之间的人情味更浓，有亲人的感觉。

褚 信任也更多。

蒋 对。我们老一代的医生都是这样过来的，我们也会要求学生这样。所以不同时代，有不同的内容。回忆过去的事情，还是很有趣的。我觉得，可能有些事情、有些传统还是应该继承。

褚 内科也要学解剖吗？

蒋 要学。那是第三学年学习的内容，当时有系统解剖学、局部解剖学、比较解剖学，都要学。

褚 解剖学很重要吗？

蒋 是的。医学生学习人体解剖是为了了解人体结构，学习病理解剖是为了了解疾病的真相。二者是医学的基础，所以历来受到重视。

过去病理解剖是检验临床诊断正确的金标准。现在科技发达了，有各种影像检查的辅助，精准化验特异指标，使临床诊断基本符合病理诊断，但病理解剖还是会提供让人意想不到的结果，纠正医生原先的推测，十分有助于拓宽医生的思路。也有时病理诊断与临床诊断完全不一致，医生可以从中吸取教训，因此病理解剖是临床医学发展不可缺失的部分。但现在的病理解剖数越来越少，少到几乎没有，因而很多临床疑难病例得不到正确的诊断，也无法评定治疗的正确性，这不能不说是临床医学发展的一大缺失。

褚 通过解剖，可以知道某项医学干预所起的作用是正面的还是负面的？

蒋 对。所以现代医学的发展是基于病理解剖学的发展。从20世纪初开始，病理解剖学就非常盛行，所以留下了非常丰富的医学知识。在我们国家受人们传统观念的制约，很难获得病人死后的病理解剖资料，所以我们的医学文库多数引用的都是国外的资料，少有我国自己的资料。

褚 听说您在医学院读书的时候，十分喜欢哲学。

蒋 那是在大学三年级的时候，当时已经懂得了一些自然科学知识，原来解剖学是这样，生理学是这样，自然界是这样奥妙，人体又是那样奥妙……但是要从根子上弄清这些问题，就要慢慢把思维引向自然科学的深处——自然科学的科学就是哲学，它是抽象的，把许多问题的共同原理都抽象到一个概念上来。借助哲学，你能更宏观地来看待这个世界。在你的思维头脑里，事情就不是一个单纯的事情了，就有条理了。当时我就明白了，一定要在一个正确的哲学思想统领下，才能学好自然科学。

褚 知识积累到一定程度，思维会有一个飞跃对吗？

蒋 我觉得如果没有正确的哲学思想的指导与提升，可能是学不好自然科学的，这种提升可以让你更好地理解自然。如果要很具体地说，不大好说，但它确实会潜移默化地影响你的思维。而且不仅仅是影响思维，还会影响你对人生的看法，影响你对世界的认识。

褚 与哲学的邂逅及深交，有没有加深后来投身医学工作的决心？

蒋 哲学会让你对探索未知世界的热情更加充分。我唯一的爱好就是看书，看偏向于自然科学的理论书籍。除此以外，我也没其他爱好，所以你看我也不"东张西望"，我就天天坐在这里看书。忘了就重新看一遍。现在有不少东西我不懂的，要活到老，学到老。

褚 在年轻的时候，求知欲强烈，现在年纪大了，求知欲依然旺盛，从不懂到懂，感觉非常充实与快乐。

蒋 对。学习或者工作对我来说从来没有痛苦感。以前，我工作是为了生存，而现在我觉得工作是一种兴趣，可以增长见识。我现在这么大年纪依然选择工作，是因为工作还是可以带来求知欲的满足。当然，现在年轻人的学习与我不同，他们还带着任务在学习。我呢，现在学习完全是为了了解一些新事物与新知识，而且觉得很有意义。

负笈匈牙利

褚 从大连医学院毕业后，怎么就去了匈牙利？

蒋 我们毕业时，正好国家要选派一部分人到国外学习，向国外学习先进的医学知识。20世纪50年代初，西方国家不是轻易可以去的，但当时有一个社会主义阵营，我们可以去苏联或者东欧，我被选派去了匈牙利。

褚 那是如何选拔的，要考试吗？

蒋 去苏联的要考试，考一些基础课程。去东欧的没有参加考试，主要根据五年来的学习成绩，然后经过审核，看是否符合要求。我们那一届应届生选了四个人去东欧，其中两个去匈牙利，两个去罗马尼亚。当时我们是有任务的，我国传染病严重，所以起初设定，我出去的目的是学习传染病知识。可是到了匈牙利之后才发现情况与设想的不同，当时这个国家少有传染病，既无伤寒，也无霍乱，那么去学什么呢？我把这个信息反馈给大使馆，申请更换专业。后来了解到，这个国家对心血管病学还是很擅长的。大使馆将情况反馈到国内教育部，教育部了解情况后同意更改，所以我就学心血管病学了。

其实那个时候我们很听话，不可能擅作主张，但身在匈牙利，实在学不到关于传染病的知识。所以我是到了匈牙利之后才更换的专业，并且确定了心血管内科这个方向。我大学毕业的时候，只是一个普通的内科专业毕业生，拿听诊器的。当然，我现在还拿听诊器。

褚 一起去东欧的同学改行了吗？

蒋 没有。四人中，比我们早去一年的那位学习肾脏病专业知识，与我同年去的另两位学习的专业分别是小儿外科与运动医学。

褚 当时内科那么多专业，您最喜欢哪一个？

蒋 可以说哪一门我都很喜欢，我的可塑性很强。刚从医学院毕业，我学什么科都可以，学外科也行。虽然我喜欢的是内科，但如果要我学外科，也是可以的。外派时，要求我学传染病学，也是可以的。

褚 心血管内科是否难学一些？

蒋 那时候心血管内科还是简单的，用一个听诊器，就听得出病人的心脏出了什么问题。但这也是一项本领，不是一件容易的事情。只能靠自己听，老师无法言传身教，不能用语言形容，这个声音是这样的，他又不能形象地发出声音，你只能自己去体会。

褚 学习的时候有实习对象吗，有没有各种心脏声音可供鉴别？

蒋 有的。所以物理体格检查是很重要的，抠这个声音，一抠一个准。还有摸肚子，可以摸出不同的病症状态。我觉得这些技能都被现代化的检查方法淡化了。

褚 匈牙利当时的医学处于一个怎样的水平？

蒋 在世界范围内也不算顶尖，但在某些方面，比我们国家当时要好。有一个很好的地方是，它有着传统的欧洲习惯，病人死亡之后，必须进行病理解剖，除非诊断非常清楚，医生觉得没有必要了。一般情况下都要解剖。所以说，它的医学发展很快，医生的诊断能力很强。诊断有个标准，最后都要根据病理解剖结果说话。所以这一点让我觉得，那几年在匈牙利学了很多东西，是因为对死亡病人都要进行解剖。而且是医生自己参与解剖，活着是你的病人，死后也由经治医生亲自处理，整个过程清清楚楚。我待在匈牙利的五年时间里，解剖了无数死亡病人。

在欧洲，病人死后，给尸体做病理解剖是常事，只要医生认为需要做病理解剖，家属大多会同意，而且是经治医生与病理科医生共同做病理解剖。不过，病理解剖前要临场讨论生前诊断，以及有何疑问，解剖要回答什么问题。对病理解剖前的问题一一讨论，记录在案。在病理解剖过程中，对病人生前病况感到困惑不解的地方往往会恍然大悟，获益巨大。

褚 是不是都能从病理解剖中找到真正的死因？

蒋 对。这里也体现出一个医生的水平。比如说，我那位老师在病人死亡之后一定要亲自过目病历记录、病理解剖申请报告、治疗过程以及最后的诊断是什么……他必须亲自签字，才能送去解剖。解剖后的病理讨论，主管医生要亲自参加。为什么如此看重解剖？这涉及检验经治医生的治疗水平问题，这些都记录在案，涉及他今后的晋升。不像我们这里，"死无对证"，晋升也只看论文，不看实际工作能力与医疗水平。病检诊断应该基本与临床诊断符合，如果不符合，说明临床误诊或漏诊了。也有病理解剖一无所获的，那就要靠临床医生合乎逻辑的推理，得到一个最可能的诊断。因为当时还没有基因诊断技术和分子生物学诊断技术。

褚　如果是一台外科手术，应该也能看清楚吧。

蒋　是的。外科取的是活体组织，也是为了审核临床诊断的可靠性。

褚　现在我们国家也做解剖吗？

蒋　病人死后可以做解剖，但不容易争取到。因为我国民间风俗使然，通常病人家属不能接受给死亡病人做病理解剖。只有涉及医疗纠纷时，经司法程序允许后，才能不经家属同意签字，进行病理解剖。

褚　那时在匈牙利，参与解剖的都是因心脏病而死亡的病人吗？

蒋　那时候分科还不像现在这样细，它还属于大内科。大内科又分专业，所以内科病区什么病都有，有消化道、呼吸道疾病，各种血液病、神经系统疾病等。50年代还没有分科，分科是后来才有的。但是医生有方向，比如那时候有的医生专长是血液病，但他同样要看消化、呼吸方面的疾病。那时候我们都是内科医生，但做不同课题，我的导师搞心血管病研究。

那五年，我觉得是我医学知识飞跃的五年，积累了很多临床知识。那段时间，我躲过了国内很多事情的打扰。例如，大炼钢铁、三年困难时期，我都不在国内，这段时间里，我都在学习与工作。

褚　如果在国内，心思可能就没那么稳定了。

蒋　是的。那个时候，两点一线，宿舍到医院，医院到宿舍，我把几乎所有的时间都用在学习上，没有"东张西望"，基本上连电影院也不去。我当时在医院，事情也不少。节假日同事们都回家了，我留守，同事们感觉很放心，也开心。那段时间，对我来说真是黄金时期。

褚　那时候您还不到三十岁。

蒋　那是一个疯狂接受知识的时期。多瑙河就在旁边，可是我视而不见。五十年之后的2010年，我回去了一次，带着老伴。当年，我在多瑙河边不知走过多少回，但一直到五十年后，我才知道多瑙河是这样美。当时我们非常遵守外事纪律，每周六都会回到大使馆聚餐，也交流思想与生活情况，有问题还可以向大使馆寻求帮助。不愁吃，不愁穿，一切都是国家安排好的，不像现在的出国留学，还要自己解决费用。

1956年,蒋文平在匈牙利。

  我们9月份去的,去了一个月,就经历了匈牙利事件①。我在医院工作,也不清楚当时的情况,实际上外面已经打得很厉害了,坦克都开进大街了。当时,我们觉得可能要回国了,好像已经待不下去。但是大使馆让我们不要走,要用行动表示对匈牙利现政府的支持。在动乱间隙,大使馆把我们都接到使馆居住。当时我国在匈牙利的留学生,除了学医的外,还有学音乐与物理的,最多的是学音乐的。留学生共有二十来人,不多,所以大使馆可以一一照顾得过来。而且谁住在哪里,他们都很清楚。那个阶段我们还在学习匈牙利语。

褚 匈牙利语难学吗?

蒋 难学,实在太难学了。

褚 后来又是怎么学会的呢?

蒋 有人告诉我,应该混在人堆里学,就像小孩子学说话一样。

褚 在医学院上课会因为语言问题而受到影响吗?

---

① 匈牙利事件:1956年10月23日至11月4日,发生在匈牙利的由群众和平游行而引发的武装暴动。在苏联的两次军事干预下,事件被平息。该事件总共造成约2 700名匈牙利人死亡。

蒋　我们不上课,我们是去做研究生。

褚　听不懂语言怎么办?

蒋　他们也可以讲英语,但更多讲的是德语,可能因为匈牙利在历史上曾属于奥匈帝国,由奥地利管辖。奥地利是德语国家。

褚　五十年后的重返,想必很有感慨。

蒋　我回去后,找到了我原来住的地方,找到了我原来工作的医院,过去的人哪里去了,今何在?不知道。都已经过去五十年了。但是我找到了一个人,这个人过去与我在同一间办公室,是我的上级,在匈牙利科学院工作。那次我找到了他家里。

褚　他还认得您?

蒋　还认得。他很惊讶,一个已经失联了五十年的人,突然出现在他面前。我们拥抱在一起,说的第一句话是:自己是不是在做梦?当年分别的时候我们那么年轻,重逢的时候却都已经是白发老人。

2010年,蒋文平偕夫人顾珉重返匈牙利,找到老友Bosormenyi教授,并与之合影。

我还找到了我住过的地方。我住在多瑙河边的一幢小楼里，风景非常好。现在想起来，当时可能有点身在福中不知福，也许当时并没有欣赏这个环境的心情吧。我住的房子还在，一点都没变，我还去了我住过的房间，往事历历在目。

褚 现在住着谁？

蒋 现在是一家公司的办公楼，当时是科学院的一栋宿舍楼。我住的房间还在。隔了五十年都没变，这在我们国家是不可能的。人家造了这个房子，是不好随便改动的，医院也还是从前那样，但已物是人非了。

褚 医院格局呢？

蒋 也没有太大的变动。我们去的那天好像是周末，医院内只有三三两两的人在走动，我们也没有久留。

褚 是一个怎样的契机，想到五十年后要重新回到匈牙利去看一下呢？

蒋 留学回来以后我就再也没有去过匈牙利。没有条件，也没有时间。回来后不多久，就发动了"文化大革命"。我们这些"臭老九"，说话都要小点声，不能太张扬。"文革"十年，怎么可能出去？十年动乱结束后，工作都来不及做，因为十年来都没有好好干活，所以要赶紧做事情了。五十年后，我已经是八十多岁的人了，我想去看看，也想带着我的老伴去看看我曾待过的地方。她也很感兴趣，很想知道——那段日子你是怎么过来的。我们是同学，当年我在匈牙利的时候，她在国内一边工作，一边等我。

褚 你们是哪里的同学？

蒋 我们是大连医学院的同学，快毕业的时候确定了恋爱关系。

褚 就是说，在匈牙利的五年时间里，她一直在国内等您？

蒋 对的。

褚 那肯定是很有兴趣知道的五年。

蒋 是的。你想，我从那个地方发出了多少信。

褚 那时候的信，走得很慢吧？

蒋 一封平信要走两个礼拜。快信很贵，寄不起呀。

褚 你们多久会写一次信？

蒋 想起来就写一封。事情忙起来了，也就少一点。

褚 您写得多？

蒋 我写得多。我一个人，空闲时间比她多，而且我不看电影，不逛公园，也不出去

2010年,蒋文平偕夫人重游匈牙利,他们在多瑙河畔。

玩。那时候也没有钱。

褚　你在匈牙利的五年,中途回过国吗?

蒋　当中回来过一次。回来是为了参加集中培训的,要学习一些文件,要了解当时的国际国内形势,尤其要了解中苏关系。

褚　这算是一次政治任务吗?

蒋　对。有些事情在国外是不好传达的,必须回来听报告。我们通过听报告来了解当时中国同苏联的关系。

褚　当时中苏关系不好了。

蒋　已经不好了。苏联当时是主要的留学国家。但是国家与国家之间的关系,我们不清楚,并不能原原本本了解是怎么回事。所以国家觉得有必要把留学生召回国,交代一些事情。

褚　那是哪一年的事情?

蒋　1960年。就1960年的时候回来过一次。

褚　那次回来在国内待了多久?

蒋　一个月的时间。

褚 回来的一个月时间里,都在了解国家形势吗?

蒋 差不多有两个礼拜的时间是在集中学习,还有两个礼拜的时间就回家看看。我们当时属教育部管理,很严格,国家一声命令,就回来了,大家都很听话。

褚 那次回国,对国家发生的变化有什么感受吗?

蒋 那个时候很多事情都不知道,不了解。好像模模糊糊知道回来是要饿肚子的,但我觉得也没有饿着。1960年正好处于三年困难时期,很多人说没吃到肉。不过我们当时好像也没有什么要吃肉的盼望。

医生生涯的最初

褚 在匈牙利的时候一直在医院，一直接触病人，也一直要接触死亡……那个时候您做尸体解剖……不害怕吗？

蒋 我真正深入学习医学知识、了解疾病是在匈牙利开始的。匈牙利人也很重感情。很多病人，看着自己逐渐好转，看着自己的病情变化，病愈出院后会像朋友一样请医生回家吃顿饭。我也去过。那段时间看似一个人在异国他乡，但同事之间、医患之间还是很有人情味的。病人对医生很尊敬，所以生活很愉快。即使有病人不幸过世了，我们还做了解剖，但病人家属还是很感激医生，认为你陪伴了他最后的时刻。我的从医起步得到了病人的支持，得到了同事的帮助，我也投入了极大的热情去学做一名医生，所以没有害怕过。生活很充实，每天都有新的内容，也不觉得寂寞，我的同事、我的病人都对我很好，我就是这样开始了我的从医生涯。

褚 五十年前的匈牙利人会有一些什么常见病？这在您的研究领域之内吗？

蒋 还是一些常见病，比如冠心病。现在我们国家冠心病病例很多了，他们国家那个时候就已经很常见了。

褚 与饮食习惯有关系吗？

蒋 可能有一点关系。匈牙利人的祖先，有可能是从亚洲过去的。我们到匈牙利之后，还学习了它的历史。要在那里生活，必须了解它的历史。当初成吉思汗把一部分游牧民族赶到欧洲，有一支就在多瑙河畔定居下来，这支定居下来的游牧民族就发展演变成今天的匈牙利人。虽然今天的匈牙利人从脸型上看已经完全是欧洲人的脸型，但饮食习惯则与中国人很相似，口味也相近，这一点让我们很适应。不同的地方在于，匈牙利人每餐的食量都很大，摄食过度，可能这也是造成当时匈牙利的冠心病发病率高于我国的原因。

褚 不同人种从解剖学上可以看出来吗?

蒋 从遗留的痕迹可以看出来。亚洲人的眼睛是上眼睑盖住下眼睑。还有就是埋葬习惯不同。欧洲人的陪葬品通常是武器,但匈牙利人的陪葬品多是食品,这是亚洲人的风俗。另外,姓名的称呼习惯是姓在前、名在后,语言的文法与汉语的文法相似……这些都提示,匈牙利民族最早是从东方迁移到欧洲去的。

褚 饮食上的相似在哪里?

蒋 菜的味道很相似。到德国去的留学生在吃的方面就很不习惯,去罗马尼亚的留学生也觉得饭菜不好吃。但我们这些去匈牙利的留学生就会觉得匈牙利的饭很好吃,亚洲痕迹犹在。

褚 所以匈牙利人容易罹患的疾病也与我们亚洲人有相似之处?

蒋 这倒不是。疾病,世界各国的疾病都是差不多的。

褚 那么是不是可以认为,您的医生生涯始于匈牙利?

蒋 匈牙利给我提供了很好的条件,让我走进医学领域,开阔了眼界。它的临床体制给我创造了良好的学习条件。我的身份还是学生,有充裕的时间用于学习、科研、工作,这非常重要。那是我的黄金时代。

褚 那个时候您如何看待医生这个职业?

蒋 从医学院本科毕业后选定了心内科研究生,今后医生就是我的终身职业了。目的也很明确,我出来就是为了学习;目标就是学成归国,因为事业、工作都在国内。那个时候没有什么可以多想的,也不存在赚钱的想法,很单纯。不像现在,医生要自己找饭碗。那个时候的工作都由组织安排决定的,回来只需要老老实实工作就可以了。

褚 当时您在匈牙利遇到的导师怎么样?

蒋 当时我们到匈牙利,主管单位是匈牙利科学院,导师是由科学院安排的。我的导师是科学院院士、心肾疾病专家。他带两位中国研究生:一位是肾脏病方向的研究生,来自湘雅医学院;另一位就是我,跟他学心脏病诊疗。我还有一位副导师,他研究心电学。导师在哪个单位工作,我就跟他到哪个单位,当时他就在布达佩斯医科大学附属内科医院。

我的导师有两个科研组:一个做肾脏病研究,另一个做心脏病研究。研究组常驻人员只有技术员,有研究课题的都须在处理完病人后到研究室做科研。当时没有专设心脏病区,只设内科病区1、2、3……所以不同疾病的病人是混在一起收治的。医科大学下设的有一个心脏病医院,但它不是教学医院,都是明确诊断为心脏病、治疗稳定的病人才去心脏病医院进行专科治疗。

因为我们要与病人打交道,因此必须学习当地语言,开始每天还有语言课,有专职的语言老师,一对一地教语言对话。因为身处其境,耳边听的都是匈牙利语,最后自己也说不清楚是从什么时候开始能对付着与他们交流了。

我差不多经历了三年的基础和临床学习,才通过内科学、病理生理学、统计学考试,然后导师给课题做研究。我的课题是"不同心律失常状态下的心跳动力学",研究心脏的机械收缩和舒张构成的冲击图与心电的动态过程,采用心脏插管(心导管)和体表心电记录技术,研究对象既有动物(狗),也有人体,研究过程中碰到的难题都靠自己与同事们一起克服解决,导师就不管了。

褚 不包办,不干预吗?

蒋 是的,研究过程基本不管。操作上的难点,老师更不管。除非实验结果与导师预想的结果不一致,那他会来看你的实验、记录图形,叫你做反证实验,求证实验

20世纪50年代,蒋文平在Gabor教授指导下学习心电图。

是否有误。

褚 这种教学方式能习惯吗?

蒋 开始有些不习惯,后来就慢慢接受了,并学会了对实验数据用正反的方法进行审核,核实它的可信度。我觉得这样有好处,从此养成了什么问题都自己解决的习惯,没有依赖性,不依靠别人。那个时候我的导师也授课的,我也会去听他的课,但我坐在下面有时候根本听不懂。他讲完会给你一本书,意思是你自己看吧。有时候还要查字典,不是那么好懂的。所以,我的导师只指明了前行的方向,路还得靠自己走——这不是一种不好的教学方式。

褚 这也说明了学习是自己的事情,要靠自觉去完成。

蒋 是这样的。但是最后写的论文,他要看的,而且看得特别仔细,实验数据都要与原始记录核对,统计资料都要请人帮助审核,就连文中拼错的字他也都会检出来……到那时我才很庆幸,没有给他抓到小辫子。

褚 他给您论文提的意见很充分吗?

蒋 是的。在关键的地方他会给出一些具体的建议。他还会问,你看对不对?学术面前,大家都是平等的。他会看你的答案是否符合他的想法,如果不符合,他会和你谈谈他的想法。但并不是说他的想法一定是对的,导师要你反复思考、核对。假如我觉得他的想法对,与我的实验结果不一致,那么我就要回去重做这个实验。在后来的工作中,我深感研究生阶段的培养是我研究生涯中的重要起点。

褚 当时需要做哪方面的实验呢?

蒋 我那时候的实验是做心跳动力学研究,是我副导师的一个课题。这个实验也做得挺有意思的,经常出现实验结果与导师的设想不一致的情况,所以我们经常发生争论。怎么办呢? 重复做实验,首先排除实验误差,重新解释实验结果。实验的关键还是改用了双腔心导管。一根导管有两个腔,其中一个腔开口于左心室,另一个腔开口于主动脉,由此可同步记录主动脉瓣上和瓣下的压力曲线,比过去分别记录精确得多,消除了实验误差,获得了正确的结果。

褚 当时怎么知道有那样的导管?

蒋 从杂志上看到的。买来一用,记录的图很漂亮,可以同步记下两种曲线。他一看,很满意,因为之前没有这样记录过。

褚 有时候,学生也即老师。

蒋 所以最后实验结果符合他的预期,课题结束后他很高兴。他凭借我做的课题

20世纪50年代的匈牙利旧居，摄于2010年。

研究，晋升了，获奖了。我也凭借这个课题毕业了，拿到学位了。

褚　这些实验听起来很复杂，实验对象还是动物。

蒋　但是也挺有趣的。无创性的那部分实验研究也可用于病人，以观察心功能的变化。

褚　您每天上午在医院，下午在实验室，晚上在图书馆，基本上把自己的时间都奉献给了匈牙利的医学事业。但是连多瑙河都没去多看一眼。

蒋　谈不上奉献，只能说我学到了一点东西。这样的日子不会再有了。走过的、做过的事情，不会再重复了。

褚　印象深刻的五年。

蒋　非常丰富的五年。

褚　五十年后重访，发现什么都没变，这也从一个侧面说明，五十年前您对匈牙利的印象深刻。

蒋　就是。那个时候年轻，那么多朋友在那里。现在已经物是人非，一个朋友都找不到了。当时那位学肾脏的师兄，他待了六年，比我早到一年，所以在学语言方面给了我一些启发。

褚　语言的启发怎么说？他是哪里人？

蒋　他是湖南人，毕业于湘雅医学院，所以英语比我好得多。湘雅医学院与协和医学院一样，是外国人办的医学院。他把自己走过的弯路告诉我，我就可以避开了。比如他曾告诉我，不要用单独的时间去学匈牙利语，那样你是学不会的。他说，你就混在他们中间，管他听得懂听不懂，像小孩子一样后来也能听懂了。

褚　最后耗时多久学会了匈牙利语？

蒋　我也不知道，我就混在那里，慢慢地就学会了匈牙利语，可能就花了点时间去学语法。

褚　但起初，学习很辛苦吧？

蒋　还好，因为专业术语不像人文学科那么抽象，有时候画一个图，画两笔，我就知道他要说什么。另外，医学专业上的用语具有世界通用性。术语基本上是差不多的，因为都来源于拉丁文，就是词尾不同。

　　可惜匈牙利语现在差不多都忘了。唉，当时可是花了很大的气力去学。我离开匈牙利之后就没再回去，后来整整过了五十年才去过一次。那次去匈牙利，我发现我的口语已经不行了。你想想都已经五十年过去了，我也把这门语言忘得差不多了。我刚回国的时候，还订过一些匈牙利杂志，后来也不订了，基本上没怎么接触了，所以匈牙利语基本被我丢弃了。但是如果重新回到那个语言环境，日常生活应该还是没有问题的。

褚　那么英文学习主要是在大连医学院完成的吗？

蒋　进大学后我们学的是俄语，英文就不用了，但是英文的底子还在，中学里学的都是英语。

褚　您的俄语应该也很不错。

蒋　在大学里学了三年俄语，主要涉及医学专业领域。我当时去匈牙利留学，第一年用的就是俄语。为什么呢，因为1945年第二次世界大战结束后，匈牙利是东欧国家。匈牙利原来隶属于奥匈帝国，是讲德语的，然而我们1956年去的时候，俄语已经成为匈牙利的第一外语。我们外国学生学匈牙利语，中间要有一种过渡语言，就是俄语。当时，我的俄语也是说得结结巴巴的。现在大脑中的俄语也没了，完全遗忘了，这个忘得比匈牙利语还要彻底。

　　当时还学了一点德语，主要是一些日常用语和一些医学专业用语。就像我们现在中文里常常夹杂着几个英文单词一样，匈牙利人也会在母语当中夹杂几个德语词汇，你要是不学一点，或许就难以理解。但也只能浅尝辄止，不可能在外语学习上花费太多的时间。而且德语与匈牙利语是完全不同的两个语系，语法也不通用。

褚 从匈牙利回国之后，原来的课题还做吗？

蒋 毕业论文结束了，经过他们学术委员会审核通过，就毕业了。至于回来做什么，取决于我们国家的需要。照理，研究生只需三年就可以学完，我是因为语言障碍，三年内没有完成，前前后后一共花了五年半的时间，最后算是完成了这个学业。

褚 您可算新中国第一批公派留学生？

蒋 也不算。中华人民共和国1949年成立，1950年、1951年已经派留学生出去了，当时去的地方主要是苏联。派去东欧的，我们也不是第一批。在我们之前，已经有学生在匈牙利以及其他东欧国家学习了。

褚 各科都有？

蒋 有学工程的、文学的、语言的、历史的。不过在匈牙利学医的，我们是第一批。第一批去的时候，大连医学院去了两个，北京医学院去了两个。在我之前，有一位从湘雅医学院去的。一共就五个人在匈牙利学医，其中三个人在布达佩斯，另两个人在其他城市。

褚 在您之后还有中国留学生到匈牙利学医吗？

蒋 在我之后，学医的好像没有了。有不少是学音乐的，有学电气机车的，还有学其他工程的。

褚 后来是不是有更多医学生被派往欧美留学？

蒋 到欧美留学，已经是改革开放之后的事情了。那个时期，世界上有两大阵营，我国是社会主义阵营，派遣留学生，都是到苏联、东欧等同属社会主义阵营的国家去，到西方国家去的几乎没有。我们那时候都是公派留学，没有私自留学的。

褚 您的学生有公派留学的吗？

蒋 我的学生出去，已经是改革开放之后了。我的第一批博士生几乎没有留在国内的，都出去了。第一届、第二届、第三届的学生都到美国去了，也有到欧洲去的……出去看看，了解一下西方国家的科学、人文，是很好的学习机会。但到后来，陆续就有留下来在国内工作的了。

褚 您与学生们选择的不同，是因为时代的不同？

蒋 是。就是说,我们改革开放,对外学习,应该是多方面的、广泛的学习。到我的学生出去的时候,社会主义阵营逐步瓦解了,另外我们的思想也解放了。西方国家也有很多好的东西值得我们学习。比如,我国有不少科学家、优秀的科技人员,有的在1949年前就回来了,有的是在1949年后陆续回来的,他们也都为祖国做出了杰出的贡献。留学不分国家,应该出去看看,西方国家或社会主义阵营国家都有各自的优点。现在选择多了,各式各样,多种形式,有自费的,有国外奖学金资助的,有世界卫生组织赞助的,有国外学术团体邀请的……不同渠道,都出去了。这对我们国家,无论是医学还是其他专业领域,都有很大的帮助。

北京十年

- "随着年龄的增长,人体总归有一个衰老的过程。这类疾病本来都是老年病,不能说是「中年病」,但是现在中年人得这类病的很多。"
- "医生叫病人做到的,首先医生自己要做到。你总不能一边劝病人少吸烟、少饮酒,工作上不要那么紧张,一边自己却完全做不到。"
- "人家能治的病,我们不能治;人家有的药,我们没有。处处都要求着人家,那你怎么过日子呢?"
- "人生走过的路,都是宝贵的经验。有正面的,也有反面的,都是宝贵的。经历这个阶段,人们学到了不少东西。"
- "我们都是南方人,还是回到生养的地方吧。"

在中国最好的心血管病医院

褚 当时,是回到国内之后才知道分配方向的吗?

蒋 是的。我们是在国家计划之内培养的留学生,所以学成之后是应该回来的。回来后到哪去、做什么工作,都是国家按照计划、需要来安排的。当然我们都有自己的方向。就跟大学生毕业后由国家分配一样的。

褚 当时您回来后被分配在北京阜外心血管病医院,那家医院无论在当时还是现在,都是国内最好的心血管病专科医院了。

蒋 因为我学的是心血管病专业,所以到阜外医院也是很对口的。阜外医院是国内第一家心血管病专科医院,其前身是解放军胸科医院。随着发展的需要,我国需要建立一些专科医院。在解放军胸科医院基础之上建立起来的阜外医院,起初也不仅只有心血管专科,它实际上是一家心胸医院,后来将胸科医院分了出去,才成为心血管病专科医院。

褚 您被分配在北京,当时蒋师母在哪里呢?

蒋 她在哈尔滨,哈尔滨医科大学。她也已经工作了。

褚 您和蒋师母分居两地的时间持续了多久?

蒋 也不是很长,半年。当时两地分居的夫妇很多。后来她也被调来了阜外医院。她在哈尔滨医科大学附属医院从事的专业工作也是心内科。

褚 这是巧合吗?

蒋 哈尔滨医科大学附属医院是一家综合性医院,各个科都有。她去了以后,被安排在放射科,工作一年后又被转到内科。当时内科还没有细分,内科的所有疾病都要看,但略有一些分工,她偏重心内科。

褚 到了北京阜外医院,您被分配在哪个方向,具体研究哪种专门的疾病?

20世纪60年代,蒋文平师从黄宛教授。

蒋 那个时期,我们国家经历了"大跃进"运动,也会影响到学术领域。那时候有个口号叫"让高血压低头",北京曾经轰轰烈烈地搞过一阵这项运动。在阜外医院有高血压病这样一个专科,这个专科阵容最大,我回来以后自然就加入了这个队伍。

褚 当时在临床吗?

蒋 是的,我在临床。

褚 从事高血压研究,这段时间有多久?

蒋 一直做到"文革"开始。"文革"期间,所有事情都被打乱了,都不能按照正常秩序进行,很多科研工作停顿下来,我想这是大家面临的共同问题。能看个病,完成日常的工作,就已经很不错了。因为当时的主要任务就是轰轰烈烈地搞"文化大革命"。

"让高血压低头"

褚 您刚到阜外医院的时候,中国的高血压发病情况如何?我看到一个资料上透露,当时中国的高血压发病率是5%,跟现在比应该还算可以。为何那个时候却要提出"让高血压低头"的口号呢?

蒋 5%已经是很高了。高血压是危害人群健康很重要的一种病,不论是过去还是现在,都是这样。

褚 当时中国刚刚度过困难时期,饮食也不算过度,为何会有这种疾病的高发?

蒋 要问高血压究竟是怎么得的,如何发生的,并不是很容易说得清楚的,即便到现在也依然如此。高血压的发生可能同环境有一些关系,这个环境是指自然环境与人文环境之和。比如说紧张的生活、快节奏、情绪与精神负担、复杂的人事关系……各个方面,这些是人文环境。还有自然环境,寒冷地区高血压发病率会高一点。还有就是饮食习惯,低盐饮食地区高血压的发病率会低一些,比如苏州,过去就是高血压与心脏病相对低发的地区。但以上仅是一方面,发病还有个体自身机体的因素。

当然也有一些继发因素,比如一些疾病会使得血压升高。无论是过去还是现在,高血压都是一种高发疾病,但过去还是比现在少,现在更多见。你看现在的生活节奏,人们走路都会快一点,压力都很大,年轻人,包括小学生也很紧张,因为不能输在起跑线上,大家都很紧张……这样一个环境,逐步累积,附加在一个人的身上,你想想,肯定会变成一种疾病状态。另外,疾病也会受年龄的影响。年龄越大,高血压的发生率越高。当时国家提出"让高血压低头",想办法让高血压发病率降下来,这个思路也是对的。要群防群治,因为它是一种危害性很大的常见病、多发病。当时国家调集了很多力量研究高血压,现在来看这样做也是对的。

褚　当时在阜外医院，有很多医生都集中于高血压研究领域吗？

蒋　高血压在当时是一个重要的课题，但是作为心血管科来说，倒也不全是高血压的问题，还有冠心病。北方的冠心病还是不少的。而且当时，20世纪六七十年代，在我们国家，风湿性心脏病的发病还是心脏疾病中占据第一位的疾病。

褚　是整个国家还是北方？

蒋　整个国家，不只是北方。风湿性心脏病现在已经很少见了，这也是环境改变的结果。现在医疗条件改善，生活环境改善，居住环境改善，所以得风湿病就很少了。现在一些链球菌感染在早期就被控制住了，一有发烧赶紧上医院，赶紧用抗生素，没到风湿性心脏病阶段病就好了，不会发展成风湿性心脏病。风湿性心脏病现在还有，但是已经很少见了。所以现在医院里，你要找一个风湿性心脏病的病例或者心脏瓣膜病例，要带学生实习去听听这类疾病的心脏杂音，已经很难做到了。

给我印象很深的一件事是，20世纪80年代有一批美国医生到我们医院来工作，一看，这里风湿病居然这么多，感到非常惊讶。要知道，他们做实习医生或住院医师的时候，已经很少能找到风湿性心脏病病例，现在临床上听不到心脏杂音了；但是到了这里，可以听到风心病的各种杂音——所以他们抓住了这个机会，补上了心脏杂音的学习课。这个例子也就说明，美国在20世纪五六十年代的时候就已经把风湿性心脏病控制住了——这样来看，中国与美国的疾病演变史，相差了大约二十年。但我们现在也听不到这种心脏杂音了。所以，不同的年代，有不同的疾病。

现在，比较多发的心血管疾病是高血压和冠心病。高血压、糖尿病等疾病都是构成心血管疾病的温床。要是没有高血压，没有糖尿病，没有动脉粥样硬化，你说哪来冠心病呢？所以现在也开始加强防治，从源头上解决。不是得了病才去治疗，而是要在人们还没有得病的时候，就开始预防。这是可以做到的，你说为什么现在冠心病患者那么多呢？因为生活改善了，过去很少吃肉的，现在天天吃肉，吃得太多了。过去农村比较艰苦，现在农村的生活条件也好得很，城乡差别小了，所以农民得冠心病的也很多。现在已经开始关注冠心病的预防了，提倡控制饮食、合理膳食，冠心病的发病也会降下来的。

褚　可是从20世纪六七十年代至今，高血压不降反升。

蒋　从那个时候起，高血压的发病开始抬头，由高血压引起的心脏疾病也开始增多，到八九十年代，它还没发展到高峰，还在上升，到21世纪初，还没到高峰。现在呢，2020年都快到了，我觉得应该快到拐点，要开始往下降。但需要多长时间才能够恢复到20世纪50年代的发病水平，那就要看我们工作努力的程度了。我们要做科普宣传，把医学知识告诉老百姓，让他们加强预防，合理地生活，合理地工作——因为这不单纯是生活改善的问题，还有就是工作的合理安排，注意劳逸结合。

褚 那就是个系统工程了。

蒋 所以我想，不能说恢复到"不得病"，这是不可能的。随着年龄的增长，人体总归有一个衰老的过程。这些疾病本来都是老年病，不能说是"中年病"，但是现在中年人得这些病的很多。到了七八十岁、八九十岁，患冠心病、心梗，我觉得这都是正常的，这是一个自然过程，现在的问题是发病年龄太早了。但我相信这种状况会改善的。

褚 您当时在临床，是做治疗还是预防？

蒋 临床主要是治疗，因为还有这么多的病人要看。那时候的预防医学还没有提到日程上来。当然，预防应该走在临床治疗的前面。应该让病人知道，自己得的这种疾病是可以控制的，可以采取一些干预手段来阻止疾病的发生。比如说冠心病，这种病完全是可以预防的。现在冠心病患者那么多，大家都忙着造影、放支架、做搭桥手术，可是这些都是马后炮的事情。这些治疗都是为了缓解病人的症状，并不能治愈疾病。

褚 冠心病能治愈吗？

蒋 目前还不能，只能改善症状，所以我们的预防一定要走在疾病治疗之前。某种程度上，预防医学应该重于临床医学。但我们现在大部分的资金都用在治疗上，预防经费占的比例很小，而且从事预防工作的人员也很少，投入也不多。比如说，从医学院毕业的100人中，有多少人会从事预防医学工作，多少人去医院？我想可能大多数人去了医院。

褚 可能是觉得做临床更有成就感。

蒋 对的。预防工作在短期内看不出效果。国家应该有一个统筹的安排，从事预防医学工作的人，要让他们感觉到自己的工作是一个重要的部分，要给他们一定的地位、荣誉，让他们觉得自己的工作是有价值、有意义的。要创造这个环境，让他们积极开展预防医学工作。

现在冠心病的发病率高，其实这种病是可防可控的，而且要从小开始预防。

最简单的方法是，家长帮孩子建立一个健康、合理的饮食模式，不能把孩子喂成小胖墩。过去哪里有这么多小胖墩？现在这么小就开始发胖，到青壮年就有肚腩，然后出现高血压、高血脂，到三四十岁就发生心肌梗死……过度治疗不可取，过度营养也很可怕，长期下去是不健康的。苏州地区得天独厚，从前苏州的饮食以蔬菜为主，口味清淡，苏州人一个个走出来都很苗条；但是现在情况大大不同，三十岁左右的男性，腰围都不小。过去抽烟的人比较少，现在抽烟的人越来越多，男的抽，女的也抽……不健康的生活习惯和饮食方式比比皆是，环境又如此，冠心病发病率的上升也就成为必然了。这些问题的解决，确实需要预防医学工作者的参与，更需要政府行政部门的干预、引导，绝不是医生就能解决的问题。社会的发展与经济的发展改善了人民的生活条件，但是改善要合理，不能天天大鱼大肉，饮食中应该让蔬菜成为主角。这些改变无法一蹴而就，我想这是一个艰巨的任务。

褚 高血压疾病是否能预防？

蒋 高血压能不能预防，如何减少高血压的发病？我觉得这个问题，不如"冠心病的预防"来得那么方向明确。预防哪些危险因素，可以减少冠心病的发病，尤其是心肌梗死的发生，这是完全可以做得到的，而且是明确的。高血压目前还有一些问题，就是高血压发病过程中究竟哪些因素是主要的，现在还不能确定。但是现在有一些因素是明确的，盐吃多了会导致高血压的发病，这是确定的，所以要提倡低盐饮食。苏州地区过去的饮食也是清淡低盐的，但现在这个优势已经慢慢没有了。为什么？开放了，外来人多了，烧的菜太淡，人家不要吃。但低盐只是一个因素，还有很多不确定的因素。

褚 就是说，我们对高血压这种疾病的认知还有很多空白点。

蒋 对。比如说过去高血压发病率为5%，现在可能10%都不止，有的地区更高。过去说，城市的发病率比农村的高，现在农村也不低。你说，如何让这么高的高血压发病率降低，降低到2%、3%、4%？果真能做到的话，那心血管疾病病人可以减少很多。但做不到。高血压的发病率还在上升，找不到下降的拐点。但是，要把冠心病的发病率降下来，找到拐点，我觉得指日可待。高血压预防有难度，但高血压可以治疗，现在有很多有效控制血压的药物，完全可以做到将血压控制在正常范围。这就要求普及自测血压，高血压的知晓率提高了，治疗率就上升了；高血压的控制率增加了，高血压造成的危害必然就减少了。

褚 冠心病已经能找到拐点？

蒋 因为冠心病的危险因素现在已经比较明确，如果能做到低盐少油饮食，增加体力活动，积极治疗或预防糖尿病、高脂血症、高血压，戒烟并保持良好的生活习惯，那么冠心病的发病率自然就下降了。但有些问题不是那么容易解决的。比如说高血压需要长期治疗，且不能治愈。比如说高血脂的发病也不完全是饮食因素，还有一部分是内在环境，即个体差异，可能是遗传因素，这些问题还不可控。所以冠心病的拐点，它会出现，但以上问题不解决，高血压不解决，糖尿病不解决，抽烟问题不解决，冠心病发病率的下降不会那么快。

褚 这样看来，您是否觉得医生在控制心血管疾病的发病上，能做的好像也比较有限？

蒋 我一直说，医生叫病人做到的，首先医生自己要做到。你总不能一边劝病人少吸烟、少饮酒，工作上不要那么紧张，一边自己却完全做不到。所以这里有个问题，还涉及全民素养的提高。你看有些人，尽管经历了那么艰苦的条件，无论什么年代都撑过来了，现在都已经八九十岁了，却活得非常健康。为什么？因为他们能管好自己。所以你看那些经历过长征年代的老干部，很多都长寿。反之，文化程度比较低的人，可能不了解这些知识，不能对自己进行有效管理，他们冠心病的发病率就会高一些，这与他们缺少一些文化知识有一定关系。在这个问题上，要提高全民文化素质也不是一件容易的事情。经济发展要快或许是容易的，但要将全民文化素质提升上去，可能就没有那么快。我国改革开放三十多年来，现在状况与以前完全不同。当然，我们的文化也有不少提升处，但潜在的问题很多。你说要提高全民素质，这个不容易。只有文化素质提高了，健康教育水平、健康的生活习惯才能长久保持。

褚 在阜外医院的时候，您所从事的高血压研究课题，对心血管科医生来说依然是一个比较有挑战性的题目吗？

蒋 是的，现在高血压依然是心血管病的主要问题。目前高血压的治疗比四十年前已大有进步，只要认真坚持治疗，绝大多数高血压病人能将血压控制在正常范围。问题是现在的治疗率和控制率不高，高血压认知的普及率也不高，仍有很多高血压患者未得到有效的治疗。

高血压的治疗，现在不是缺医少药的问题，也不是看病贵、看病难的问题。因为高血压的治疗问题在社区、在基层医院就可以得到解决，病人不需要到大医院看。现有的降压药物，基层医院都可以配到，而且都在医保范围内。现在无论在农村或城镇，居民都享有医保，完全可以进行高血压的长期治疗。问题在于高血压防治的普及和宣传，医保的费用要用在真正的治病药物上。基层医生要按规范治疗高血压，并向病人多多宣传降压治疗的重要性。

褚 当时您研究的是继发性高血压。

蒋 对。只有排除了继发性高血压，才能诊断为原发性高血压。继发性高血压有病因可查，把病因根治了，高血压就治愈了，所以当时我对继发性高血压很有兴趣。

"过后不思量"

褚　您当时在阜外医院待了多久?

蒋　快十年。

褚　从三十岁到四十岁,正好是一个人的黄金期。

蒋　但当时真正做实际工作的时间并没有那么长。大部分时间都用在"闹革命"上了。

褚　当时医生也要"闹革命"?

蒋　现在的年轻人一定觉得无法理解。可是在那个年代,其他事情已经被抛在脑后了,革命才是最重要的事情。"文化大革命"人人都要参加。

褚　革谁的命?

蒋　革自己的命,革走资派的命。那段时间,现在的人看来,是不可理解的。过后就不思量,没什么要深究的。我们国家确实走了一段弯路,现在你们不会有那种体会。那种狂热的状态,你们想象不出,也无法理解。

褚　当时每个人都处在这种状态之下吗?

蒋　每个人都很兴奋,也不知从哪里来的那种狂热的热情。比如说半夜三更都会爬起来游行,敲锣打鼓,欢迎毛主席发布的最新指示。

褚　当时无法从事科研,也很焦虑吧?

蒋　大家都这样,就随大流吧。

褚　在匈牙利的五年时间里,躲过了国内的很多事情。但是"文革"十年,没有躲过。

蒋　没有躲过。但我那时还是个小医生,很多大科学家的工作都停止了,包括国际上有名望的专家。他们当时都在六十岁的年纪,处于事业上的黄金时期,可是他们都是被斗争、被专政的对象。在所有的科学领域，包括医院、高校，知识分子都是被批斗的对象。你想这十年，国家的损失有多大。

褚 可是其他社会活动可以停止，疾病并不会停下脚步。病人来看病，医院也不管吗？

蒋 管，病人阑尾炎来医院开刀，你得开呀，不开要出人命的。但有的医生，刀还不让他开，为什么？反动学术权威呀。

褚 您当时在北京，政治氛围会比地方上更凝重一些吧？斗争想必也会更激烈一些。

蒋 是呀！但是这些事情都已经过去。好在，从20世纪70年代至今，我们国家终于又重新走上了发展的道路。全靠这三十年，我们国家才有这样的今天，否则"老美"都骑到我们头上了。三十年发展那么快，就是有了正确的政策，拨乱反正。

褚 所以，"文革"结束之后，您就开始拼命工作了。

蒋 是。落差太大了：人家能治的病，我们不能治；人家有的药，我们没有。处处都要求着人家，那你怎么过日子呢？

褚 药都没法解决吗？

蒋 那个年代，我们国家是封闭的，也不能让国外的先进技术进来，就算进得来，你也没有钱买。哪来外汇？订杂志都没有钱。那时候也没有网络。你要派人出去，可以，但是有那么多钱吗？而且派出去的人还会回来吗？

那时候派出去留学还与我们当年不同。我们当时被派出去，没有人说要留在国外的，我出去的任务就是学习，学成回国后做事情。可是"文革"结束之后，很多人都想逃离了，觉得这个国家没希望了。我的同学不少都出去了，现在仍在国外。"反右"期间有不少人出去，三年困难时期有人出去了。"文革"十年结束后，又有人出去了。现在呢，不是一个个都回来了吗？

褚 因为国家富强了，所以都回来了。

蒋 当然也有留在外面不回的，但是回国的越来越多。不能一概而论。如果在国外课题做得很好，事业发展得不错，那留在国外也是一个不错的选择。要是回来并没有合适的事业，那也是对才能的浪费。

褚 每个人的选择都有他的原因。现在回想，您在阜外医院十年，有什么遗憾吗？

蒋 人生走过的路，都是宝贵的经验。有正面的，也有反面的，都是宝贵的。经历这个阶段，人们学到了不少东西。当初"文革"所带来的问题确实很大，但也让很多人接受了教育。

褚 比如?

蒋 比如,学会了在艰苦条件下、在逆境中生活。今后即使遇到更大的风浪,我们也可以闲庭信步了。如果永远一帆风顺,也许就经不住大风浪的考验了。另外,对很多问题都看淡了。何必去计较呢?有不少难处,有难处,那就慢慢来嘛。不少问题要等条件成熟了再解决,是不是?不要强求。不经历这些事情,你又怎能获得这样的认识?什么经历都不是白过的。好了伤疤不能忘了痛,要学会如何正确地面对困境。所以我说,对孩子的教育也一样,要让他碰点钉子,不能给他安排好一切,前头一个坑都没有,这样不见得好。他的前面布满坑坑洼洼,可能比走平坦之路成熟得更快。

褚 "文革"十年中,您有没有受到过冲击?

蒋 我们还轮不上。当时45岁以上的人,可能会轮到,比如去参加一些惩罚性的劳动。有的大医生被迫去当护士,当不来也要当。当时阜外医院有一位很有威望的大教授,被分配去打扫厕所。由他负责的几间厕所,被打扫得特别干净。小便池里多年积聚的污垢,经过他的打扫之后,全部变成新的一样。他为什么能做到?因为他有知识,知道怎样才能打扫干净。经过他的打扫,当时我们医院门诊的厕所干净得不得了。几年后,他重返自己的工作岗位,不再打扫厕所了,医院门诊的那间厕所就又恢复到从前的状态。

成家立业

褚 那十年,可能也是您个人生活建立秩序的十年。

蒋 那个时候结婚很简单,不像现在这样复杂。比如我们结婚时,花几角钱去民政局领张结婚证就可以了。然后买几包糖,同事朋友那儿发一下。于是大家都知道,你成家了。也不存在买房的问题。在单位宿舍里,两张单人床合在一起,就好了。不买家具,什么也没有。两人单身时各有床褥,结婚了嘛就合在一起用。

褚 不复杂。

蒋 太简单了。也没有送礼啊什么的,都没有。

褚 也不需要花费太大的精力去营造婚姻生活。

蒋 双方都没什么要求。结婚了就一定要有现成的房子吗?在那个年代,我们国家基本就没造什么房子。所以,我们结婚后还住在集体宿舍里,有时候同一间宿舍里的一个人结婚了,另一个人就会搬去其他宿舍,就这么简单。医院提供的宿舍就在医院里,上班还方便。基本都这样。

褚 您与蒋师母同一个专业,步伐都是一致的。

蒋 对呀,就是今天她值班,明天我值班,吃饭都在食堂,从来也不用买菜。她吃她的,我吃我的。也没有洗衣机,每人把自己的一摊子事情收拾好,就好了。

褚 有了孩子之后,生活还是照旧吗?会不会复杂一点?

蒋 当时,我们把孩子托付给一位大妈,她是我们医院里一位老职工的家属。她人很好,我们的两个孩子都是由她带大的,一直带到我们全家离开北京。离开北京时,老大当时已经在上小学。孩子穿的衣服都是大妈做的。当时我们是双职工,而且都是住院医师。孩子们天天吃住在大妈家里,就好像是他们家里的孩子似的。孩子们一个礼拜回来半天一天,大妈还不太放心,说:"别带回去了,就在这里待着吧。"我觉得那个时候，人与人之间有真情在，现在去哪里找呢？而且这个大妈几乎不识字。我们的父母都在南方，我爱人的老家在无锡，我的老家在上海嘉定，父母不可能到北京来帮我们带孩子，即使来了北京也没地方住。别说住，集体宿舍里连做饭的问题都没法解决。但我们很幸运，得到了这位大妈的帮助，使得我们得以脱身，投身于事业。而且这位大妈照顾孩子特别细心。

褚 您的儿子也是心内科医生，这是在计划之内，还是自然而然的结果？

蒋 有很多事不是预先规划好的，而是自然而然地走到了那一步。恢复高考时，苏州大学的名称还是"江苏师范学院"，我家老大是恢复高考后的第二年参加高考的，他想留在苏州，于是就上了苏州大学，读了数学系。老二呢，考上了苏州医学院。

褚 你们有没有聊过他为什么也学医？

蒋 没有。

褚 他应该清楚父母做医生是很辛苦的。

蒋 是啊，那个时候无论是上班还是上学的，回家第一件事就是一脚先把炉门踢开，准备烧饭。谁先回家，不管大人小孩，谁就要去开炉门。那个时候我们已经调回苏州，要自己点火做饭了。好在孩子们上下学都不需要我们管。到了晚上，一家四口在灯下各做各的事情，孩子们从来都不需要我们辅导功课。他们的作业我们也从来不看，各人管好自己。我们那个时候不像现在这么复杂，逼着孩子做这做那，没有兴趣课，也不用补习。

褚 "文革"结束后，是主动选择离开北京的吗？

蒋 当时，经历"文革"的磨炼后，人好像变聪明了点。我们都是南方人，还是回到生养的地方吧。

褚 为什么是苏州？

蒋 我老家在上海，她老家在无锡，苏州就在上海和无锡中间，二者取其中。1973年，我们就选择来到苏州。

褚 离开北京的时候，您应该已经是副高级别的医生了吧。

蒋 不是。因为"文革"期间停止了晋升，我做了快二十年的住院医师，还是到了苏州后才晋升主治医师的。所以，我对职称一直看得很淡。

苏州蒋医生

- "我进医院的时候就从这里起步,老了又回到这栋楼,这栋楼见证了苏州市第一人民医院的发展。"

- "而我们国家经过「文革」十年,很多人意志消沉,混日子,但凡有一点良知,都会觉得不甘心。国家培养了自己这么长时间,难道就这样了吗?"

- "医生的天职是治病救人,但医生在病人面前有时显得很无奈,既救不了人,也治不了病,还不能分担病人的痛苦。所以有时会感到医生是个痛苦的职业。"

- "一个医生,要到45岁乃至50岁,才能成为一个成熟的医生。45岁以前都在干什么呢?都在学习,都在积累经验,都在通往成熟医生的道路上摸索。"

- "管得太多了,其实是一种干扰,只有当他有需要问你时,你说说自己的看法,做一些商讨。在我们家,各人的事都靠自己的努力去完成。"

动乱的十年终于结束了

褚　来到苏州，后来就一直留在这里了。

蒋　就是这里，就是这栋10号楼。我刚来这家医院的时候，这栋楼是内科病房，外科病房当时在天赐庄，就在那个教堂旁边。这是苏州市第一人民医院1949年之后建造的第一栋楼，所以它也是一个很有历史的建筑。

褚　来了几次之后发现，这个办公地点貌似也很吵。救护车的声音会不会吵到您？

蒋　我好像听不见（笑）。

褚　我看这栋楼的外面好像挂了很多互相不关联的牌子。

蒋　杂牌军。

褚　说明这栋楼很重要？

蒋　也不是。如果哪里都安置不了，就放在这栋楼里。但是这栋楼是我们医学院附属医院原来的基地——内科基地。外科在天赐庄，内科就在这个地方。我进医院的时候就从这里起步，老了又回到这栋楼。这栋楼见证了苏州市第一人民医院的发展。

褚　天赐庄隔得这么远？

蒋　不远，走路十几分钟就到了。原来的博习医院就在天赐庄，那栋楼你看它现在破破烂烂，但它是控保建筑，因为造它所用的砖全部是金砖。当时造协和医院用的就是这种砖。协和医院就是用金砖垒起来的。

褚　但我看它是西洋风格。

蒋　我们这所医院是与协和医院同步创建起来的。当时，博习医院的房屋建筑是西洋风格，但具有中国文化的特点，与北京的协和医院相似，它的外观与故宫的建

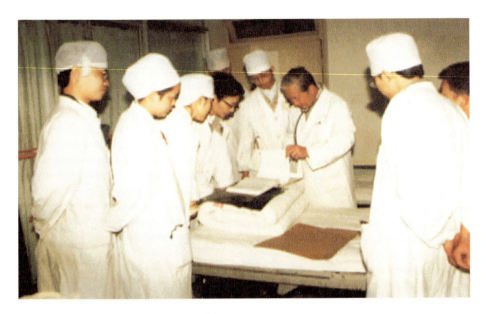

20世纪70年代，医生在查房。当时内科病区就在10号楼。

筑很匹配，是具有中国特色的建筑，但协和的内部设施当时就已经非常现代化。

褚　所以也就是用了当时最好的建筑材料。

蒋　当时那个地方有儿科、妇产科、外科、内科、放射科病房，都在天赐庄。而我们现在所在的这幢小红楼是1951年建造的，造完之后，内科和门诊就搬过来了。

褚　那内科怎么到这里来了呢？

蒋　一个原因是天赐庄太小，待不下了。另外一个原因是，中华人民共和国成立之后，1950年，医院被人民政府接管了。医院被接管之后，就在这个地方造了这栋小红楼，将内科迁到这个地方，外科仍留在天赐庄。那时候，这周围还没有太多建筑。所以我说其他楼都可以拆，唯独这栋楼不可以拆。如果这栋楼拆了，第一人民医院的影子就没有了。

褚　会拆吗？

蒋　不知道。但是这栋小红楼不是控保建筑。虽然看起来很破，但其内部构造还是很结实的。

褚　当时苏州医学院还只有这一家附属医院。

蒋　当时我们医院叫"苏州市第一人民医院"，后来又建了苏州市第二人民医院，然后第三、第四、第五人民医院。1958年，南通医学院迁来苏州，当时就建立了附属第二医院，好像在景德路那个位置，那所医院后来被迁到内地去了，整个医院"一锅端"搬到了四川绵阳。因为苏州医学院属核工业部的，核工业基地搬迁到三线后，苏州医学院附属第二医院也迁到四川，所有设备人员，包括医生、护士全部搬到四川去了。现在的苏州大学附属第二医院又称"核工业总公司总医院"，是1988年重新建的。

褚　当时刚来苏州，有具体的分科吗？

蒋　已经有分科了，我在心内科。

褚　当时很想做事情？

蒋　内心世界里，还是想再做点事情的。国外的医学已经如此发达，而我们国家经过"文革"十年，很多人意志消沉，混日子，但凡有一点良知，都会觉得不甘心。国家培养了自己这么长时间，难道就这样了吗？我们与国外的差距实在太大了，而且还越来越大……不能这样过日子吧？所以逐步想做点事情。做事情，基础还在，那么慢慢地，事情就这样做起来了。就是这样。

褚　到了苏州更换方向，不再进行高血压研究，等于是放弃了之前的学术积累。

蒋　在阜外医院的时候，我们有一个学术团队，是一个团体，可以做课题。"文革"一结束，团队还在，所以稍微理理就可以工作了。到了这里，什么都没有。这里当时就像一个社区卫生院，你从楼房的结构就可以看出来。

褚　但在当时，这里也是苏州最好的医院了。

蒋　是的，医院建筑是由洋人建造的，中华人民共和国成立之初那几年又有发展，还是苏州医学院的教学医院，各科的主任又都来自国内各大医学院。我们心内科就有两位教授：朱道程和熊重廉。当时心内科有三十多张床位，就这样完成日常任务。我来了，我想总得做点事情吧。

褚　那当时的方向是……？

蒋　不能做高血压，但还要做其他事情吧，等于重起炉灶。事在人为，没有条件，就创造条件。首先你要有人，有人才能办事。所以人是最宝贵的——这个道理我当时就体会到了。

褚　20世纪70年代初期，苏州地区的心血管疾病发病情况如何？

蒋　那时候主要的是风湿性心脏病，冠心病还很少见。我们医院那时一年收治的急性心肌梗死病人才二十多例，现在每年都有二百例以上。

20世纪70年代的讲座,采取大字报的形式讲解。

褚 那时候病人多吗?

蒋 从整个苏州来看,病人是多的。美国人创办的博习医院,有一定的医疗水平。另外,博习医院原来是教学医院,是一所正规医院,有严格的管理制度,所以医疗工作也规范。因此从历史上,人们就知道看病要到天赐庄,一直到现在,大量的病人都选择来这里看病。

褚 这里也集结了很厉害的一批医生。

蒋 我们老一代医生都是从正规医学院毕业的,有不少医生来自上海各大医院,好几位是从协和医学院过来的,比如当时的外科主任和小儿科主任,他们两位都是苏州人,20世纪40年代的毕业生,毕业后就回到苏州了。我们这里的大内科主任陈悦书则来自上海中山医院,后来我就是接了他的班。我们科的朱道程教授也来自上海中山医院。

褚 动乱的十年终于结束了。

蒋 对的,当时百废待兴,要重起炉灶。而我也恢复了过去在国外做的课题研究。

褚 现在回想,做了十年的高血压研究,后来放弃了,有没有遗憾?

蒋 等于我在那个领域也游过泳。遗憾当然有,我在高血压领域其实已经做到前沿了。我放弃后,后来也有人做了。

褚 您在做科研的时候,有没有觉得时间和精力难以均衡的时候。

蒋 这个有。以前还要在医学院上课。

褚 时间的分配上有统筹的难题吗?

蒋 也不是。事情就摆在那里,你首先要看好病人,另外学校每年招收的学生要毕业,教学也是硬任务。科研,你不做是不行的,但你也不能把所有时间都放在科研上,赶也赶不出来。科研有一个思考的过程,要慢慢看书、思考、做实验……观念逐步完善成熟,最后做成一件事情,这是急不来的。你在一生中能做成几件事情已经很不容易,不可能每年都出一个成果。科研探索的都是未知的东西,你也可能做下去最后什么成果都没有。所以在科研上要取得一点成果,是不容易的。科研有时候是一无所获的,但阴性结果也可告诫他人,不要重复同样的研究了。

褚 难免碰很多壁,然后才能找到一条正确的路径。

蒋 对。但探索未知是快乐的,一定要做一些科学研究,以提高临床治疗水平,使不能治的病变成能治的病,不是从中获得乐趣了吗?探索未知首先要有好奇心。好奇心人皆有之,动物也有,那叫探究反射。其实把病人的疾病诊断清楚,再进行治疗,这也是一个研究过程。

只想做一个好医生

褚 从医生的角度出发,临床与科研两件事可以齐头并进吗?

蒋 可以兼顾,但没有那么多时间与精力,因为病人要自己看,科研要自己做,只有自身投进去,才能有亲身体会,才能知道错在哪里,才能按自己的思路去做。如果叫别人做,别人未必能很好地理解你的思路。

褚 您更喜欢做科研,还是更喜欢在临床上看病?

蒋 我都喜欢。

褚 因为两方面各有乐趣?

蒋 不是。首先,你要做一个好的临床医生,那就必须做好科研工作。只有做好了科研,才能做好临床。没有科研,临床就做上不去。一个好的医生,也会是一个很好的科研工作者,他能够在科研中看到很多存在的问题。

其次,我对临床和科研都有兴趣。临床上,你把病人的病诊断清楚了并给予正确的治疗,病人高兴,自己也有成就感。科研上我把自己的治疗经验总结出来,写成论文发表出去,得到大家的认可,这也是一件令自己高兴的事。所以无论看病还是科研,都是自觉的行为,做得都很高兴。

褚 好医生需要哪些条件?

蒋 这个问题不好回答。首先好医生有什么标准,我回答不出来。医生的天职是治病救人,但医生在病人面前有时显得很无奈,既救不了人,也治不了病,还不能分担病人的痛苦。所以有时会感到医生是个痛苦的职业。医生面对现实,可自我解脱,在大自然面前还不能获得充分自由,医生也是无能为力。但身为医生,总该为病人做点什么吧,医学发展到今天,总能有点作为吧!那医生首先应有同情心,并尽力把对病人的诊断弄清楚——这是什么病?然后才是怎么治疗的问题。采取安全有效的措施，让病人转危为安，或根治，或好转。因此同情心、责任心是做医生的基本要求。进而，对病人要有负责到底的精神。当病人出院回家的时候，负责的医生应告诉病人如何预防再发，如何做到不发病或少发病；如何用药，告诉他哪些药是不能停的……我们应尽量多说几句话，让病人懂得自我保养，带着良好的心情回家。此外，做医生任何时候都要实事求是，对各种疾病能治到什么程度，医生心里是有数的，千万不能言过其实，让病人花费了不必要的钱财之后，最后落空又失望，有受骗之感。

　　医生在同行之间应该互相尊重，有难要互相协助、虚心请教，困难在自己手上解决，不推诿病人，这是基本的行医之道。医生是个需要终身学习的职业，任何年龄的医生，都既是先生又是学生，所以自己不会的地方，要不耻下问；自己做错的地方、说错的话，要勇于改正；看别人有错，也要直言相告。总之，病人的利益高于一切，这也是为医之德。好医生是要病人来评判的，来医院求医的都是病人，应尽职尽力为他们服务。做一个医生的底线是，不给病人添病。如能把病人的病治愈了，病人痛苦减轻了，认医生似亲人，这大概就是个好医生。做一个让病人信任并且认可的医生，这是值得用一生的努力去追求的目标。

褚　您除了行医之外，好像还做过行政工作？

蒋　是的。做内科主任、心内科主任，这是业务岗位上的管理工作。要脱离业务岗位，全职从事医院管理工作，这才算真正的行政岗位。我任过医院的副院长（1983年—1985年）和院长（1987年—1989年）之职。但我自知不是那块料。我不善交际，做事一板一眼，缺乏应变能力；此外，国家花了那么多力量在专业上培养我，我应该从事医疗和教学工作。当时我的身边有更适合做院长的人才（李华楠），我回临床看病，他任院长，各自发挥自己的长处，人尽其才，何乐而不为呢？于是，我辞去了院长职务。当时又适逢医院体制改革，实行院长负责制，党委起保障监督作用，李华楠就由党委书记转任院长。

褚　家里人都理解吗？

蒋　家里没有人赞成我当院长。

褚　您儿子当时也在这家医院吧？

蒋　不，他当时还在医学院读书。

褚　蒋师母呢？

蒋　她在苏州市第二人民医院。她也觉得我可能不适合当院长。每个人都有自己的长处，她知道我的长处在业务上。

褚 您说任何经历都是有意义的，那么这段当院长的经历应该也是如此吧？

蒋 有的人能胜任这项工作，有的人确实不能胜任。我做院长的时候，提倡人尽其才，有的人不要勉强他，他愿意做什么，就做什么。那个时候我当院长，还兼任大内科主任和心内科主任，而且带了不少学生。其实当时我的工作重心还是在临床，院长的职责都是我们的书记在担着，所以我十分感激他。当了几年的院长，我也学到了一点东西，知道做好工作要有一个团结的集体，要真诚待人。

褚 相比起来，显然您更喜欢医生这个角色。

蒋 国家培养我那么多年，很不容易。做医生是我的长处，做院长不是我的长处。一个医生，要到45岁乃至50岁，才能成为一个成熟的医生。45岁以前在干什么呢？都在学习，都在积累经验，都在通往成熟医生的道路上摸索。到了45岁，终于慢慢成熟了，这个病人应该这样处理，那个病人应该那样处理，会考虑全面得多了。不同的治疗方法给病人带来哪些利弊，都会去考虑。所以为什么病人看病要找老医生呢？就是这个道理。

褚 成熟的医生通常如何去处理那些难治的病例？

蒋 我会一直考虑，如何处理对病人更有利。有的病人，不处理会出现问题，但是采取措施处理又可能会有哪些风险，就要权衡一下，冒这个风险值不值得，风险中你又有多少把握……所以到了如果不处理，病人肯定会死亡，而如果努力一下，也许还有一线生存希望的时候，我会不顾一切、全力以赴地去抢救。我冒风险，不是为了我个人。我尽力了，如果没救回来，那也无憾了。

所以我觉得做一个医生是很不容易的，尤其是在我们现在这样的医疗环境下。你的努力甚至有可能被人误解。所以，为什么过去有些病可以抢救过来，现在反而不能呢？医生会想，我何必去担这个风险呢？但是医生也要自问，你尽力了吗？你努力了却没有治好，那也无憾了。

褚 成为医学权威的一路，思路清楚是非常重要的。您上次也说，做科研，思路与方向都是很重要的。

蒋 这就是科研的目的——你要解决什么问题？科研，要么在某个理论问题上有很大的突破，可以带动其他学科；要么就是帮助病人解决了一个具体的问题，改进了治疗方法，提高了治疗效果，让后来的人少走弯路。

褚 在我们外行看来，看病与科研好像是两条截然不同的道路。

蒋 不是这样的。看病时，诊断就是把病弄清楚。无论哪个病人，来的时候都是带着问号，首先要清楚他得了什么病，处于什么阶段，这个阶段采取什么样的措施最好，能治疗到什么程度。这实际上就是对这一疾病的研究过程。如果处理的结果是病人的症状减轻了或者疾病痊愈了，那就证明你的探究分析对了——可见看病与科研的思考方法是一致的。

实际上，临床医学还有些类似经验医学，但也是一门科学。病人得的什么病，必须诊断清楚，这实际上是一个研究的过程。病人初次就诊时，也许医生的诊断不一定准确，只能一天天观察疾病的进展，有的直到出院时才弄清楚——哦，原来是这种病。有的病人到出院的时候还不能得出正确的诊断。出院后又进来，进来后又出院，可能要循环往复多次，才最终弄清楚。我在匈牙利的时候，对每个死亡的病人都要进行尸体解剖，经过解剖之后才弄清楚真相，这样有助于临床诊断水平的提高。所以看好一个病人不见得比做科研容易。

褚 每个病人出院的时候都有一份出院小结，这份出院小结算不算正确的诊断？

蒋 这份出院小结只能看作是这个治病阶段的总结。是不是代表了一个正确的疾病诊断？那不一定。也许疾病的真实状态还未表现出来，再次住院时表现可能不一样了。所以我们临床工作有一个习惯，任何一个病人都要当成初诊病人来看待，不受以往诊断的影响，不论上次是谁诊断的，哪个医院诊断的，都要独立地做出再思考，可以符合以往的诊断，或修正以往的诊断，或另立诊断，这样才不会误诊或漏诊。还有就是如果根据诊断把病人的病治好了，则反过来证明该诊断是正确的。

褚 您说过，有些疾病可能不一定是医生治好的，也可能是它自愈的。

蒋 对的。

褚 也就是说，疾病有很多复杂的、未知的、不可预知的因素。

蒋 是这样的。

严格的大内科主任

褚 您不愿意担任院长，但是大内科主任还是愿意担任的。

蒋 这是必须担任的，否则临床工作与教学工作怎么协调？值班怎么安排？总值班需要协调。

褚 那时候的大内科主任需要承担哪些工作？

蒋 那时候大内科的工作量还是很大的，要承担急诊的一部分。当时急诊科还没有独立出来，总值班是由大内科管的，急诊内科也由大内科管理。

褚 您是哪一年当的科主任？先当大内科主任，还是心内科主任？

蒋 先当心内科主任，八几年，具体哪一年真的不记得了。我做了两任，有那么十来年。几乎同时当的大内科主任。我来的时候，虽然医院不大，但是已经有分科了，也有专科医生了。在我上面有两位主任：一位是熊重廉教授，现在已经过世；还有一位是朱道程教授，现还健在。他们都是值得我学习的楷模。我年轻的时候学着他们做人做事，也在他们的扶植下成长。

褚 大内科主任是什么时候担任的？

蒋 不记得了。好像是八十年代的某一年。当时我们大内科主任陈悦书教授让我接他的班继续工作，其实我在做医学生的时候就读过他的白血病专著，他也是我心中一直崇拜的老师。

褚 医院为什么要有大内科，现在还有吗？

褚 大内科是一级学科，心内科、消化科、呼吸科都是二级学科，学科的上面就是系了。还有三级学科，冠心病、高血压就是三级学科了。心脏超声、心电图、心功能等基本都属于三级学科。综合医院一般不设独立的三级学科。

褚 内科要做手术吗？

20世纪70年代，蒋医生在熊重廉教授的指导下工作。

蒋　内科不做手术治疗，有一些操作，包括介入治疗、导管检查、插管等，这些都属内科操作技术。

褚　那内外科又如何区分？

蒋　外科也有微创，但内科就叫介入。比如说，在腹腔镜下做的一些手术，就是微创手术；而内科医生在导管下进行一些疾病的治疗，叫介入治疗。介入操作基本上是不用刀子的，微创手术有时候还要做小的切口，然后将管子送进去。所以，外科属手术科室，内科是非手术科室。

褚　介入与微创的出现，是不是让内外科也没有那么明确的界限了？

蒋　那还是有区别的。因为微创手术在胸腔镜下或腹腔镜下进行，还是要进行一些切割、缝合；而介入治疗基本就不用了。所以，介入是内科的技术，而微创是外科的技术。

褚　您上次说到过，20世纪70年代来到第一人民医院的时候，您还是住院医师。那时候住院医师的工作状况是怎样的？也需要住在医院里吗？

蒋　那还是有点区别的。住院医师有高、低年资之分，但是我来的时候，中间隔了"文革"那么长的时间，那时候的职称晋升也都停止，不分等级了，所以我已经是高年资住院医师了。主任医师、主治医师、住院医师好像都一样看病，医院里也有很多老的住院医师。"文革"结束之后，逐步恢复了以前的体制，该有的晋升都有了。从1974年到1976年，逐步恢复了职称的评定与晋升。虽然各地还不一样，进度也不同，但既往的传统逐渐恢复了。

褚　医生等级制度森严，现在依然如此吗？

蒋　是的。住院医师有住院医师的职责范围，主治医师有主治医师的职责范围。职责范围，就是所承担的责任不同。越是高年资医师，承担的责任就越大。所以等级制度是必要的，等级的高低代表需承担的责任的大小。

褚　医院里需要一种逐级管理制度。

蒋　临床上实行"向上级医生负责制"。住院医师的工作要向主治医师负责，主治医师的工作要向科主任负责。该住院医师做的事情，必须由住院医师自己做好，做好了，就是对主治医师负责。不同级别医生的签字是签在不同的位置上的。一项特殊的治疗，一个特殊病人的诊断，住院医师、主治医师、科主任都要签字。

褚　科主任需要经手每一位病人吗？

20世纪70年代，蒋医生在朱道程教授的指导下工作。图为二人合影。

蒋 科主任要对科里的工作全面负责,不一定会看每个病人,但对每个病人要知道情况。由住院医师向主治医师汇报,由主治医师向科主任汇报。住院医师有问题解决不了,就要向上级医生请示。如果不请示,自己处理了,那么你就得自己对处理的结果负责。重症病人、疑难病病人,科主任都应该亲自看过。

褚 在医院里,各项制度的落实都很严格,比如说每天要查房。查房是从每天什么时候开始的?

蒋 在医院病区,每天早上都有一个交班会,前一晚夜班的值班医生要把晚上所发生的事情,比如是否收住过病人、是否抢救过病人、有什么特殊情况等,都在交班会上说一下,这样医生、护士都能知道。我们现在是7:45上班,那么就在7:45交班,通常一刻钟结束,然后就查房了。其实实习医生还要提前上班,在住院医生到达前已经把分管的病人看过了。但现在好像有些放松。低年资医生很少提前进病房,交班前低年资医生很少已巡视过自己所管床位的病人。

褚 查房时间会很长吗?

蒋 查房一般到上午十点左右结束。为什么一定要有时间限制?因为如果医嘱开出来太晚,护士可能来不及执行了。

查房也分住院医师查房、主治医师查房、科主任查房,一级级不同。住院医师必须每天查房,而且每天早上与晚上各看一次病人,下班前还要交班,要看一遍病人才能离开医院。主治医师查房也有规定,隔天查一次,一周两次或者三次。住院医师要跟着主治医师一起查房,并且要逐一向主治医师汇报,每位病人是什么情况,正在进行什么治疗。科主任至少每个礼拜要查一次病房,看一次病人,不一定每个病人都看,由主治医师挑选五六个病人,大致都是诊断和治疗上都有疑问的病人。但每日入院的新病人,科主任都要知道,重病人也必须亲自看过。

这就是分级查房制。分级查房是一般医疗工作,还有教学查房。如果某个病人有一定的教学价值,那么就要对他进行教学查房,就是带领医学生或专科医生在查房工作中进行培训。

褚 听起来,仅仅是查房一项,已经是非常繁重的工作了。

蒋 这是日常一定要做的一部分工作,历年如此。过去更为严格,现在已经有点走样了。过去,医生星期六也要待在医院里(过去只有单休)。但即便是单休,医生礼拜天上午也还是要待在医院里看过病人,下午才可以回去休息。

住院医师下面还有实习医生。实习医生是最底层的医生。比如说,五年制医学生在第五学年主要就在医院做实习医生,七年制医学生在第七学年做实习医生。实习医生管得最细了,实习医生接受住院医师的指导,跟着住院医师学习。

褚　他们级别最低,但所做的又是最细致的事情。

蒋　当医生必须这样,所以医生这个职业,自学成才是很难的。它实际上是一门实践的学科,不是看看书就能当医生了,必须跟着人家学。假如说,你这个住院医师很严格、很规范,那你带出来的实习医生肯定是不错的;如果科主任很严格,那他下面的医生不会太差。

褚　那您严格吗?

蒋　我现在不严格了,但我在位的时候是很严格的,人家看见我都怕的。但你必须严格,不严格怎么带学生呢?这好像是习惯,是一个传统,上级医生都是这样的。你要不严格,就带不出好学生。

褚　您一共带过多少学生?

蒋　硕士生就记不清了,也不多,可能也就二十多个。那个时候我不多招,每年顶多一两个,不像现在,一招一大批。那时候带学生确实认真,学生做什么事情,一举一动我都清楚;做的实验,任何一步我都知道;写的论文,每一篇我都要改。我带过的博士生大概也就十七八位。他们的课题领域都是我的专业方向,他们自己也都有一定的主见,所以大家讨论起来更深入、更专业,我也会认真听取他们的意见。

褚　同时他们也在医院上班吗?

蒋　对的。

褚　他们一边在医学院读研究生,一边同时在医院里上班。

蒋　但最后一年半左右的时间里,他们基本都在实验室里。

家里的三位心内科医生

褚 您的小儿子也是心内科医生,他也是您的学生吗?

蒋 不是。不能带。

褚 为什么,这是医学上的传统吗?

蒋 也不是。儿子是儿子,学生是学生。

褚 可是他也入了心内科的门啊。

蒋 可以让其他人带。

褚 其他人带,放心吗?

蒋 一样的。

褚 他的研究在什么领域?

蒋 也是心脏病。他现在做的也是心律失常。

褚 你们在家里会交流医学问题吗?

蒋 基本不交流,偶尔也会说起。

褚 为什么?

蒋 他有他的爱好,我不干涉。

褚 小蒋医生与母亲会有医学问题的交流吗?

蒋 也不大交流。基本上就是有些病会问问,到底怎么回事。

褚 解决不了的病例问题,他会找您吗?

蒋 这个会的。那是因为讨论病例,至于说有些科研工作应该怎么做,那还是应该自己去解决,每个人应该走自己的路。

褚 可是带学生也是带,带儿子也是带。他自己也没有想到要跟着爸爸学?

蒋 没有啊。他有自己的导师,他有问题应该与自己的导师讨论。如果我在里面参与讨论,不就干扰了他导师的设想,把思路搞乱了吗?如果有问题要讨论,他的导师会提出来商讨。

褚 小蒋医生现在已经回国了?

蒋 他在国外学习了三年,实验是在国外做的,但导师在国内,因此三年之后要回来答辩。

褚 留在国外不也挺好的吗?

蒋 每个人都不一样,由他自己选择。路都是自己走出来的。

褚 培养儿子,您有什么体会吗?是不是觉得,让他自由成长比较好?

蒋 我并没有建议过他搞心内科,我也不知道他最后为什么也选了心内科,也许是受家庭潜移默化的影响。我们家里是这样的,家就是一个温暖的港湾,各自说说今天的见闻,不再议论各自工作上的事了,或者各自看各自的书,各自做各自的事。日复一日,千篇一律。孩子们长大了,我们也老了。

褚 会不会时常留意一下他现在的关注点?

蒋 他的研究方向我是知道的,我知道他现在在读什么书,在做什么事情。至于具体怎么做,那是他自己的事情。

褚 这是刻意不管吗?

蒋 也不是。管得太多了,其实是一种干扰。只有当他有需要问你时,你说说自己的看法,做一些商讨。在我们家,各人的事都靠自己的努力去完成。

褚 与蒋师母在家里,也会交流医疗上的事情吗?

蒋 基本不交流这些了。每天工作上看的都是病例,回家再说病例,多没劲?但有些拿不准的问题,回家也会说说。

褚 蒋师母退休后,应该回到家里了吧?

蒋 是的。她退休的时候也已经快七十岁了。家里一切事,穿衣吃饭全靠她了。

褚 蒋师母研究的是哪个领域?

蒋 她在市立医院工作,也是心内科。她比我辛苦,还要兼顾家里,否则我们回家就没有饭吃了。实际上她做了很大的牺牲。我们是同学,在某种程度上,她比我强。但是她没有这个条件,比如说她没有进教学医院,而是进了地方医院,工作任务就是看病。科研做得少,发展就受到限制,但她连任了三届苏州市人大代表。在同事眼中她是不求名利的人,在病人眼中她是个好医生,在我眼中她是个好妻子、好母亲。

褚 教学医院与非教学医院会有哪些区别?

蒋 教学医院除了日常的医疗工作外,还有教学任务,培养医学生、研究生、进修生,因此教学医院多为医学院或综合大学的附属医院,各科室有顶尖教授引领这个学科的发展,诊疗水平较高。此外,还承担科研任务,有国家课题,也有自选的课题——如果没有科研任务,又怎么能培养研究生和带学生呢?因此教学医院为医教研三位一体的医疗机构,都有互补,相互提高。没有病人,怎么教学生呢?没有教学和科研,又如何提高医疗质量呢?所以,教学医院多为医疗水平较高的医院。

非教学医院就是不承担教学任务的医院,以医疗工作为主,但也可有研究任务。此类研究多与临床医疗密切相关,基础研究较少。因其任务单纯,医生们把精力都集中在病人的治疗上,因此他们的医疗技术水平不一定低于教学医院的医生。

褚 蒋师母当时为何没有一起进入教学医院?

蒋 夫妇二人同一专业又在同一科室工作(当时心内科仅有一个病区),工作起来可能不方便,还是在两个单位工作较好。因此,她主动放弃了教学医院,自愿去市立医院工作。

1992年,蒋文平、顾珉夫妇在庐山合影。

褚　由两个医生组成的家庭，工作很忙碌吧？

蒋　是啊。我们家里两个儿子，基本都不是我们自己带的。前面说过，在北京有一个大妈帮我们管，我们一直很感激她。孩子们也一直称呼他们"大大""大妈"，来到苏州就上幼儿园、上小学了。

褚　您来的时候已经看专家门诊了吗？

蒋　那个时候还没有专家门诊，那个时候都是专科门诊。什么时候才出现专家门诊，我也不是很清楚。总之，我没看过专家门诊。那时候我看心内科专科门诊。现在有专家门诊，副主任医师以上就可以看专家门诊。但专家们也会去看普通门诊。

后来我就不看门诊。我觉得，无论专科门诊还是专家门诊，很多人都会看，我挤在里面，就没有必要了。如果在普通门诊上他们碰到一些问题，会到我这里来商讨，最后还是由他们去处理病人。这样既不影响门诊质量，又有助于提高他们的业务能力。

褚　那个时候您已经是心内科主任了吧。

蒋　是的。

褚　管理和带领一个团队，与仅仅自己做个好医生相比，有什么不同？

蒋　有很大的不同，首先是责任不同。做一个医生，只要管好自己分管床位上的病人，该查的查，该用的药用到病人身上，该写的病历记录齐全，该做的交代向病人或（及）其家属说清楚，就算尽到一个床位医生的责任了。做科主任就要负责整个病区的医疗、教学、科研及发展等各项工作。过去当科主任还容易点，至少科室主任不管经济收入。不过，科室的发展、科室的医疗质量、医疗水平等责任都在科主任肩上。

现在的科主任难当了，不仅管业务，还管经济创收，全科人员的奖金全在科主任身上，这就难了。如何让科主任安心地按医疗原则、医疗制度去诊疗病人，改进治疗方法，提高诊疗水平，并从事相关的医学研究；按科学方法去管理医务人员，提高医务人员的服务素质、道德水平……这些都是我们医生所祈盼的。

褚　当时医疗工作量已经很大了吧？

蒋　我们医院在1949年以前的名称是"博习医院"，很多老百姓都认这所医院，周围农村的老百姓也都知道这所医院。所以任何时候，这所医院的病人都很多。现在我们医院已经将总院设在平江新城了，然而这里病人还是很多。

褚　那时候除了风湿性心脏病外，还有哪些心脏病比较多见？

蒋　那时候除了风湿性心脏病外，比较多见的还有肺源性心脏病。这是一种老年性的、由慢性气管炎引起的心脏病。现在风湿性心脏病已经少见了，肺源性心脏病的治疗也被划转到呼吸科了。

褚　在医疗工作量一点都不轻松的时候，当时您还从事科学研究，这两件事情会不会有冲突？

蒋　教学医院有三个任务：教学、医疗、科研。医疗是最重要的，其次是教学和科研。作为教学医院的一名临床医生，一定得做科研工作。为什么要这样呢？因为不做科研工作，业务水平就无法得到提升。一个病人的治疗，如果用这种办法不行，那种办法也不行，那总要探索有没有一种新的办法、新的治疗措施，这就需要通过做研究去解决。要探索新的治疗措施、试用新药，必须科研在先。所以教学医院的科研是不可缺少的，医疗和科研要并进，不会有冲突。

褚　那样时间够用吗？

蒋　时间够用不够用，都是相对而言的。你做科研时思考的问题，其实一直在你脑子里。你说什么时间做临床，什么时间做教学，什么时间做科研，这些都没有明确的界限。有时候你走在路上还在想问题。休息也是工作，工作是不同方式的休息。

褚　心内科医生也经常会有半夜被叫到医院的经历吧？

蒋　习惯了。我那个时候住在苏医新村，到医院不远，骑自行车一会儿就到了。我们还有医生就住在医院门口，天天给叫来，他也无怨无悔。他现在还在，叫王声愿，是一位华侨，精神很可贵。

褚　医院里不是也有值班医生吗？

蒋　值班医生通常都很年轻，那时是大内科值班制度。值班医生接诊的时候是不分科的，消化科的医生要看心内科病人，心内科医生也要看消化科病人……所以，老的一批医生，消化科医生也能看心脏病、呼吸病，就像现在要培养的全科医生。所以我一直说诊断是不分科的，治疗可以分科。

褚　那您也能看其他内科疾病了？

蒋　当时大内科总值班什么病都要看，当诊断有难度或治疗上需要专科处理时，才呼叫相关专业医生到场。

褚　您觉得应该全科？

蒋　医生在做住院医师的四年到五年期间，应该在大内科、大外科全科轮转。

褚　您在做住院医师期间有没有经过全科训练?

蒋　我做实习医生和住院医师时,还没有专科病房,所有内科病都混杂在一起,住院医生、科主任什么病都要看。只有高年资的主治医生才会在专业上有侧重,如擅长心脏病或肾脏病等。

褚　现在是不是由急诊科医生部分承担了全科医生的职责?

蒋　现在综合医院的急诊科已被改称为"急救医学科",可能也分科了。通常急诊病人基本上由急救医生处理了,遇到特殊病例才由专科医生治疗。

褚　心脏病病人半夜发病都是紧急状态,心内科医生是如何做到训练有素的呢?

蒋　现在心内科、胸痛中心有绿色通道,一旦有心脏病急诊病人,可由急诊室直接送心内科导管室或冠心病监护室。同时每天有一组抢救病人的医护人员待命,招之即来,来则能战。

褚　长此以往,身体吃得消吗?

蒋　现在心内科急诊比20世纪七八十年代多得多了,每天都排好抢救班,只要有病人需要抢救,医生即可立马上阵,不存在吃得消、吃不消的问题。

　　现在有了手机就方便多了,而且私家车也普及,医生一接到通知,可以很快到达现场。而且现在规定,急诊室一看是个心梗病人,马上就走绿色通道,直接将病人送到导管室。病人被送进导管室的时候,基本上医生已经等在那儿了。要求医生在一刻钟至半小时内都到位,通常是一组人一起到位,半个小时至一个小时内做完抢救性治疗。

褚　做医生牺牲很大,这是一方面。还有,做射频消融手术,医生还要"吃"一点射线。

蒋　在20世纪七八十年代,机器设备陈旧,射线辐射量很大。那也得做呀!

褚　不害怕吗?

蒋　那时候只有这个条件。为有牺牲多壮志,敢教日月换新天。

褚　还要穿很重的铅衣。

蒋　那时候我们都觉得穿铅衣操作起来很不方便。

褚　索性不穿了?

蒋　对。但实际上,我们老一代的医生都是这样过来的。

褚　现在还在暴露环境下吗?

蒋　现在比过去好多了,但在做消融术、冠状动脉支架植入术时,医生还是暴露在射线下，因为医生要在病人床边操作。

褚 有人会退缩吗？

蒋 我觉得好像没有。我还是说，做事情，兴趣与热爱都很重要。一个冠状动脉狭窄、出现了栓塞的病人，躺在床上要死不活的，可是治疗后回到病房已经痊愈，医生心里会很高兴，也会觉得很有成就感：今天救活了一个人！所有的付出值得了。

所以，医生同病人之间的关系应该是很和谐的，不应该处于对立的状态。你说医生去治疗一个病人，他愿意把病人治"坏"吗？不会的。当然，治疗中有并发症发生，那医生也很无奈，但总体是少数。通过冠状动脉造影、放支架或消融术治疗心律失常时，医生要具备相应的资质才可以做这样的操作，因而医生失误的概率极小。每个病人自身的情况不同，并不是所有病人都能被救活过来。病人被救活了，医生也是很高兴的；假如救不过来，病人死在手术台上，医生可能好多天都不好过。实际上，医生与病人的期望是一致的，不应该相互对立。

看病如探案

- "所以,一所医院一个医生的治疗水平,通常取决于对疾病诊断的正确性。有的病,病人住院两三天就诊断清楚了;但是有的病,病情较复杂,认识它有个过程;有的病一面治疗一面诊断,要经过反复思考、反复检查,才能弄清楚。"

- "现在网上信息很多,病人也有可能根据这些零碎、片面的信息,主观臆测自己可能得了什么病,然后在网上对号入座,自我诱导。所以看病的时候,医生要问得更多,才能去伪存真。"

- "过去的大内科模式要求内科医生的知识面要广阔,一个医生可以看很多种疾病。但是现在已经不合适了,这是因为治疗要求越来越专业化,而且一个医生不可能掌握全部的医疗技术。但是医生的整体观念还应该有,否则分科愈细,医生的思路会逐渐变得狭窄,这样可能会造成漏诊、误诊。"

- "在取得相同治疗效果的前提下,应该采取一项比较经济、合算的措施来治疗病人。教科书上也是这么介绍的。就算是在经济发达的国家和地区,也应如此。"

- "我们人体有抵御疾病的能力,很多疾病不治疗也能自愈,所以医生治病仅是辅助性地促进病人恢复,绝不能帮倒忙,不能使疾病复杂化。有些疾病不借助外力无法逆转,那就花全力去治疗。"

- "医患双方应该充分信任,互相沟通,以诚相见。但由于医患双方的立场不同,认知水平不同,各自的要求也不同,难免会产生分歧、矛盾。因此,医患之间的相处是一门艺术,医生也应学点心理学知识。"

病人的每句话都要听进去

褚 在医学中有一门诊断学课程,诊断对于疾病的治疗占到几何?

蒋 诊断在诊治疾病中的地位,可以说是首位的。为什么?因为治疗是倚赖于诊断的,只有诊断正确,才能做出正确的治疗。所以诊断是首位的,诊断不明,治疗就没有方向。比如说头疼,头疼仅是一个症状,你要弄清楚头疼是由什么疾病引起的,才能治病。有的头疼可能是一般性的,无病因可查,就不需要做特别治疗。但是有的头疼是有原因的,针对不同的病因,要用不同的治疗方法。所以,任何一个临床科室,诊断都是治疗的基石。

现在很多疾病的治疗都有规范。如果诊断不清楚,只能对症治疗,诊断清楚了,治疗规范都是一致的。常见病、多发病的诊断较容易,住进医院,不管哪个医院的医生,如果诊断明确,治疗基本都一样。所以,一所医院一个医生的治疗水平,通常取决于对疾病诊断的正确性。有的病,病人住院两三天就诊断清楚了;但是有的病,病情较复杂,认识它有个过程;有的病一面治疗一面诊断,要经过反复思考,反复检查,才能弄清楚。所以,正确的诊断是正确治疗的前提。

褚 但是在门诊看病,医生可能只有几分钟时间,这种现实状况是不是对医生的一种挑战?

蒋 一般来说,真正的疑难病例还是不多的,门诊所见大多是一些常见病。通常医生在门诊看病的时候,一边询问病史一边检查,一边听着病人主诉,医生大脑就像一台电脑一样在飞速运转。几分钟内他就有初步的印象了,判断出可能是某种病。但是,有的病可能需要多次复诊才能诊断清楚。

其实我们是有要求的,住院病人必须在24小时内就有一个初步的诊断,三天内要有一个比较确切的诊断。一个门诊病人,一般来了三次后,应该就有一个明确的诊断；如果来了三次门诊都还没有一个明确的诊断，那就需要住院或者请上级医生复诊。所以我说，门诊百分之八九十的病人得的是常见病，门诊上的诊断与处理也应该是正确的，不会有太大的偏差。

褚 是否可以理解为，门诊中有一部分病人，其实是不需要特殊处理的？

蒋 可是病人自己是不知道的，病人不知道自己得了什么病，只有看了医生，他才能知道自己生了什么病，需要治疗或不需要治疗。但是也有可能会看漏——因为疾病很隐匿，过几个月等病情有了发展，特征才表现出来。因此在没有把握时，要嘱咐病人过一段时间或有特殊不适时，回来复查。假如说，医生都不跟病人说清楚这些话，就有点不足了。比如说，片子上有一个小的结节，不能确定其性质，就要嘱咐病人过三个月来复查，看那个结节还是不是原来那么大；三个月后还定不下来的话，那就再过半年或一年随访。所以，医生与病人要很好地沟通，以免发生误会。

还有，住院病人病史上有两个关于诊断的记录：一个是入院诊断，另一个是出院诊断。入院诊断指的是住院后三天内做出的诊断，出院诊断是指病人出院时

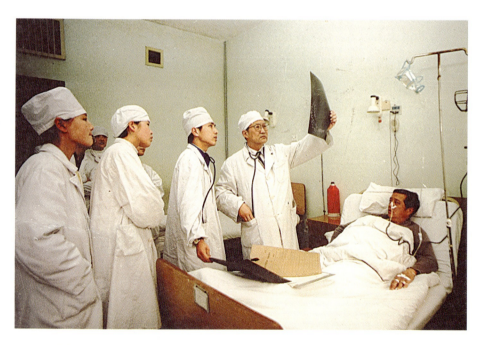

1985年，蒋医生在内科病房查房。

的诊断。出院诊断与入院诊断会有不同，应该讲，出院诊断是可靠的。一年之后这个病人如果又来住院，就不能受上次住院诊断的影响，而应该重新思考他的诊断问题，审核上次诊断的可靠性。

褚 上次住院的诊断，到了这一次，还有没有参考价值？

蒋 有参考价值，但这次的诊断不一定跟上次的诊断一致。假如经过检查符合上次的诊断，那么这次可以维持原来的诊断。医生应该养成重新思考的习惯，每次住院都应该独立地做出判断。

还有一个问题，病人再次住院的诊断，要不受上次住院的医院和医生的影响，要独立思考，做出新的诊断。

褚 虽然在门诊上医生遇到的大多是常见的问题，但也会遇到一些复杂的问题。根据这些复杂的问题，不同的医生会不会得出不同的结果？

蒋 这是有可能的。

褚 那看病是不是有时候就像押宝一样，要碰运气？

蒋 这倒不是。一些少见病的确是隐藏在普通病中间，但人的思维习惯总是更多往常见病的方向去考虑。比如一例高血压病人，要是去基层医院看，通常就被作为一般的高血压处理了。假如这例高血压病人到专科医院来，这个专科医生是专门看高血压的，他就可以看出这例高血压和一般的高血压不一样，就会给病人做进一步的检查，可能会发现这例病人是特殊的、少见的高血压。那么你也许会问，这种情况在普通门诊或者说在基层门诊，不就漏掉了吗？

但即使是特殊类型的高血压，要是早期，就算到专科医院并且遇到的是一位高水平的医生，他也不一定看得出来——疾病是要发展的，它进展到一定程度，其特征才会表现出来。只能说，诊断延迟。如果疾病不表现出特征，是不容易被诊断出来的。所以，医生首先要想到是某种疾病，才会主动去寻找相关证据。不要视而不见，视而不见是会遗漏诊断的。

褚 所以，并不是看病有偶然性，而是诊断过程自有它的规律性。因此，我们也要尊重这个规律。

蒋 对。做医生有时候也是很难的，病人不能理解，也不能接受。确实，疾病早期是不容易诊断出来的，要等病情发展到一定程度，才能做出诊断。

在医疗上有"重诊断，轻治疗"一说，诊断在医疗上是重要的一环。只有诊断正确，才能进行正确的治疗。但给病人的感觉有时难免是，为了弄清楚疾病，检查做了一大堆,钱花了不少,但疗效甚微,甚至未见疗效。因此,过去批评过"重诊断,轻治疗"的做法,这实际上是无奈之举。因为对有些疾病,虽然花了不少工夫把诊断弄清楚了,但在治疗上还缺少有效的药物、有效的治疗措施,或者已错失治疗良机,这时医生也无能为力,造成钱花了不少却无法医治的结局。

在医疗方面,医生总是实事求是,在正确诊断的前提下,寻求最佳治疗方案。不同疾病,有的可以达到完全治愈,有的可部分治愈(好转),有的难以改善。后者有疾病的原因。有不少疾病目前还无法干预,按其自身的规律发展,诊断清楚了,将实情告知家属,尽力而为;有的疾病则因为错失了治疗良机,只能尽力改善症状,不要去做不恰当的治疗,否则反而会加速疾病的进展;有的疾病尚可治疗,不过治疗风险较大,如不治疗,疾病的风险将更大,这时就应在家属知情并积极配合下,争取较好的治疗效果。所有的治疗策略都建立在对疾病的正确诊断和判断的基础上,所以所有医疗工作都是诊断优先,而不是"重诊断,轻治疗"。当然,治疗技术亦应精益求精,医务人员应有高度的责任心。

褚 病人的主诉,在诊断过程中占有多大的重要性?因为有时候病人的主诉也有描述不清的地方,乃至给医生一些错误的暗示。医生在面对这么多证据的时候,他是如何处理的?

蒋 诊断的依据有几个部分:第一个是病人的病史(包括这次看病的主诉),第二个是一般的体格体检。初诊时医生根据病人的病史会有个初步判断,再做一些必要的化验和特殊的检查。在初诊过程中,主诉是病史最不可缺少的部分。主诉是病人诉述的主要不适,是促使病人来看病的原因,它可以提示医生往哪个方向去思考。病史包括疾病是怎么开始的,经历过什么,做过什么检查和什么治疗,住过几次医院,诊断过什么病,等等。

现在门诊看病,欠缺在什么地方?主要就是医生与病人之间不能充分交流,时间太短。还有一个,有时候疾病的诊断可能完全靠病史。以前我们的老师也一直说,医生一定要有耐心,病人的每句话都要听进去,理解的要听进去,不理解的也要听进去——最后医生误判,可能就是因为没听到病人的某项主诉内容。所以,医生在任何时候都要相信病人。再有一个就是,有的时候检查结果都是正常的,只有病人的主诉作为诊断依据。比如说,我们心内科有一个心绞痛病人,他的主诉只是"心绞痛",而且他的疼痛性质也不典型。所以,应该像我以前的老师说的,医生要问一例心绞痛的病史,没有半个小时,根本问不下来——问病人的心绞痛情况，一定要问得很详细、很到位——假如问得很详细、很到位，那么即使最后冠状动脉造影检查结果是正常的，其他检查结果也都正常，心绞痛的诊断还可成立。

诊断的第二个依据就是体格检查。一种是常规体检，另一种是有目的的体检。有目的的体检，就是要查出某些阳性或阴性体征。比如说，过去苏州地区血吸虫病很多，血吸虫病主要影响到肝脏，可导致肝硬化。肝硬化最早的体征可能就是脾脏大。但脾脏不大好摸，如果怀疑有肝硬化，就要仔细摸一下脾脏。但是现在做一个B超不就可以了吗？现在很多医生的基本功退化了，因为都由这些检查设备代替了。以前我们听心脏，听一个杂音，有的时候是很难听出来的，站着听，躺着听，侧过身来听，趴着听……你再看现在，现在医生口袋里连听诊器都没有了，以心脏超声替代了心脏听诊。

有目的地、主动地寻找某个阳性体征，检查出来的阳性率就高。如果病史问得仔细，就会引导你，什么地方的体检要仔细。所以，有目的的体检就是根据病史引导的体检。

褚 提问题，医生要做很多引导。您刚刚说要询问半小时，那么在这半小时内主要也是医生在问？

蒋 对。病人怎么知道哪些信息是重要的，必须告诉医生呢？只有医生问到了，病人才能详细告知到底是什么感受。医生不仅要问"疼不疼"，还应该多问一句"上楼的时候疼不疼"，因为普通病人是不会留意这个痛点的。医生问"你痛了多长时间"，病人答"从早上疼到了晚上"，这跟回答"疼了几秒钟就过了"就完全不是一回事，区别很大。病人告诉医生某个地方疼，医生应该再仔细问怎么疼、疼多长时间……如不仔细问，病人是不会想到主动说的。所谓问病史，都是医生的主动询问，从对话中来肯定某些问题、否定某些问题，通过仔细询问就能问出某些疾病的特征，从而获得诊断。

褚 医生在搜集病人主诉的时候，是不是病人如果稍微知道一点医学知识，他的配合度就会好一点？

蒋 对，懂医学知识的人配合度是会好一点。但是现在网上信息很多，病人也有可能根据这些零碎、片面的信息，主观臆测自己可能得了什么病，然后在网上对号入座，自我诱导。所以看病的时候，医生要问得更多，才能去伪存真。

褚 询问病史有没有技巧？

蒋 有技巧。有的病人生性话少，你问一句，他说一句。主诉少或者没有主诉，不等于没病、没问题，医生要诱导他说出自己为什么来看病。有的病人话多，会夸大病情，所以还要结合病人说话的表情、状态，以求主诉和病史反映出病情的真实状况。

褚 主诉、病史、体检结果是诊断疾病的依据吗？

蒋 诊断疾病还需要靠特征性证据。病史、体检结果是引导医生从哪里着手，对病人应做哪些有针对性的检查；诊断疾病应有特征性证据，但并不是所有疾病都有特征性证据，那就要采取排除诊断的方法，即把相似的危重疾病采用必要的检查方法先加以排除，把不能排除的可能性疾病留下来，然后做试验性治疗，再根据治疗反应做进一步的诊断。

比如发烧，可能是由感冒即上呼吸道感染引起的，但要证明是上呼吸道感染，就得排除很多其他疾病。老年人还要排除肺部感染。老年人发生肺炎是严重的问题，应该排除，然后才能按照上呼吸道感染进行治疗。

褚 我们临床上是否有相应的标准？比如，病人出现哪些症状时可以对应去做哪些检查？还是由医生决定？

蒋 基本上是有指标的。比如说诊断一例冠心病，或者判断是否需要进行介入治疗，医生定不下来的时候，那就需要做造影检查。这个决定是由医生做的。但医生做决定要慎重，比如，100个做了冠脉造影检查的患者，结果阳性检出率（指冠脉至少有一支狭窄70%以上）不足10人，那就意味着筛选率太低了，检查过度；如果阳性检出率在70%～80%或以上，那说明筛选标准可能太严格了，会漏掉应该做介入治疗的病人。疑有冠心病的患者阳性检出率为40%～60%较合适，过度检查或筛选标准过严都不合适。

医生的治病思路

褚 有些不舒服的症状是相同的,医生又如何能弄清楚它是由什么疾病引起的呢?

蒋 这是鉴别诊断问题,相同症状可由多种疾病引起。比如针对胸痛,现在设有胸痛中心,涉及多学科的疾病:心内科有心绞痛、心肌梗死、心包炎等,心胸外科有夹层动脉瘤等,呼吸科有肺栓塞、胸膜炎、肺炎等,皮肤科有带状疱疹等……这些疾病都可能表现为胸痛。因此我们强调,诊断是不分科的,每个医生其实都应是全科医生,只有在治疗上才分科。如果分科高度专业化,就有发生误诊、漏诊的风险。但治疗要分科,如果治疗不专业化,那就会造成失误。所以学医的学制最长,要有广博的知识,才能做好一个医生。

褚 其实急诊科的医生、护士也承担了初诊的部分职责。急诊科护士也懂诊断学吗?

蒋 有时候,急诊科的护士比医生还有经验,刚进急诊科的医生要向急诊科护士学习。

褚 临床医学上,经验到底是很重要的。

蒋 是的。现在有一门新的学科,叫急诊重症医学科,它替代了过去的急诊科。各种危重病人到达医院后,要快速做出诊断,并做紧急的抢救治疗。等病情稳定后,再送入对口专科做进一步治疗,让病人能获得长久的疗效。

褚 那么在医学院学习诊断学这门课程,是不是所有的内科、外科、妇科、儿科医学生,他们学习的诊断学都是一样的?

蒋 那不是。现在我们的医学教育到临床已经基本要分了,在内科叫诊断学,而在外科叫外科总论,这个外科总论就相当于内科的诊断学。五年制的医学生,到第三年,就要学诊断学、外科总论;第四年学习内科学、外科学、儿科学、妇产科学等课程；一直到第五年才分科。

褚　您有没有教过诊断学这门课？

蒋　教过。

蒋　学生喜欢这门课吗？

蒋　这门课是有点枯燥的。

褚　不是很有趣吗？

蒋　听诊、叩诊、问诊，这些内容是很枯燥的，学生听课，望触叩听，上完课再去实习，现在有些病例也不好找了。比如说风湿性心脏病，现在几乎找不到这种病人了。过去有心脏杂音的录音带，现在估计录音带也没有了。所以给学生上完课，在临床上要找典型的体征进行实践有点难度。

褚　这门课难不难学？

蒋　理解并牢记有点难。但医学生阶段只能学个大概，有个全面的了解，今后做医生在实践中还得继续学。学习是一辈子的事情。

褚　那就是说，考试容易过。

蒋　当然，考试还是有重点的，哪些是常见、多发病，在医学生阶段就必须牢记，常见病典型的症状和体征都必须记住。如果连这个都不知道，诊断学就白学了。所以应该有重点、有方向，这么厚厚的一本《诊断学》怎么学，怎么记呢？把《诊断学》书中的全部内容记住也不可能。但最后老师会告诉你，重点应该记下哪些东西。不然一个学期下来，怎么考？学医是逐年累积的过程，在做住院医生阶段还会随时翻阅《诊断学》这本书。

褚　而且还要与实践相结合。

蒋　所以要合情合理，该记的记住；记不住的，要知道在书里哪个部分，以便于查找。否则，做一个医学生也太苦了。

褚　不同专业学科，对疾病的思考、思路是不是也不同？比如心内科致力于心律的整齐，内分泌科致力于激素的平衡，等等。

蒋　各个科之间是不大好比较的，但是治疗疾病的原则是一样的。这个原则指的是，正确的治疗要建立在正确诊断的基础上，不管哪个科都是这样。医生首先要把这个病看准，然后才能用药，才能选择治疗方法。假如说根本摸不清楚是什么问题，茫无边际的，你怎么治疗呢？所以，治疗疾病的原则，各个科室是一样的。要看好病，必须先做出诊断。

所以我上次说过，看病实际上是一个全科的问题。比如说头痛，头痛可能是神经科的问题，也可能是五官科或者眼科的问题，还可能是其他科的问题。病人如果先去看眼科，眼科医生首诊，那眼科医生首先寻找是不是由眼科疾病引起的头痛。如果没有眼科疾病，那眼科医生可提个建议，指导病人去哪个科再看看。所以，诊断是个全科性的问题，各科医生的职责是排除本科的疾病并建议病人去哪些相关科室看病。诊断清楚了，治病才是专科医生的任务。

褚 也就是说，不能割裂开来看问题。

蒋 是的。在诊断疾病这一环节，不能分科太细，各科医生都应有一个整体观念，各科相关知识都应该懂一点，这就是全科观念。医生首先应该是全科医生，然后才是专科医生。所以，如果自己不知道生的什么病，初诊还是到综合医院去看。如果病人的诊断已经很清楚，仅是治疗问题，就应该去专科医院。现在各种疾病都有相应的专科治疗、专用设备、专业医生，都可获得较好的治疗效果。只有诊断清楚了，到治疗这一步，才是专科的事情。这是一个原则，各个科都是一样的，各种疾病都要诊断清楚后才能进行正确的治疗。

治疗原则是什么呢？那就是，诊断清楚之后，各个科都要尽可能采取简便、经济、有效的办法来处理病人。简单来说，如果头痛无病因可查，那就一边对症治疗，一边观察病情变化。如果查清了病因，那病因治疗是首位。

不管哪个科，在治疗疾病的时候，都要求既对症又对因。一种治疗是对症，比如头痛可以吃止痛片，这就是对症，吃药之后头不痛了，这就行了吗？过了一段时间复发，还是会头痛。所以，治病的首要问题是把病因去掉，这在各个科也是一样的。疾病治疗的第一原则是依据正确的诊断进行治疗，第二原则是既去除病因又减轻病人的症状。无论在哪个科室，这些治疗原则都是一样的。

你刚刚说到内分泌科，我沿着这个话题说下去。比如说有一位病人，因为心跳加快、心慌来到心内科就诊，那么首诊的心内科医生就要思考心跳快的可能原因。首先考虑是心脏问题引起的心跳加快。如果排除了心脏因素，则要考虑心脏以外的原因，如贫血、甲亢、肺部疾病等；如果都不像，那就须做甲状腺功能检查，有时甲亢很隐蔽，因此心内科医生也得懂一点内分泌科知识，不能说因为自己只看心脏病而无法鉴别甲亢。只要诊断为甲亢，那治疗就是内分泌科的事情了。所以我一直说，诊断不能分科太细。如果心内科医生只会看心脏病，没有一个整体观念，那肯定当不了一个好的心内科医生。

最早不分科的时候，只有内科，一个大内科医生要懂很多科的东西。现在分科了，而且分得比较细，分得细有好处——好处在哪里？可以实现治疗专科化。治疗专科化了，甲亢属于内分泌科疾病，内分泌科医生就可以对这样的病人进行细致并且更有针对性的治疗。所以学科发展的必然是专科化，但医学的专科化要在宽广的基础上实现专业化。

过去的大内科模式要求内科医生的知识面要广阔，一个医生可以看很多种疾病。但是现在已经不合适了，因为治疗要求越来越专业化，而且一个医生不可能掌握全部的医疗技术。但是医生的整体观念还应该有，否则分科愈细，医生的思路会逐渐变得狭窄，这样可能会造成漏诊、误诊。

那么你说，究竟分科细一点好，还是过去的那种大内科模式比较好？总体来说，我觉得还是分科细比较好，专业化治疗使治疗更精准。比如我们心内科常常需要做导管手术，如果不是专科医生，通常是做不来的，这个需要高度专业化。所以总体来说，还是分科精细一点比较好。但是分科精细不等于说专科医生不再需要大内科知识。

为什么医学院要读五年？现在五年都不够，还要读七年、八年；读了八年还不能看病，还要读研究生，还要实习，还要接受培训……无论你是哪一科的医生，首先都要接受全面的培养，然后才有专科方向。这也就回到了刚刚你问我的问题，各个科之间的治疗虽然完全不同，但是原则是相同的。

褚 这个细分科的趋势，以后还会更细分，是吗？

蒋 是的。现在细分到什么程度呢？已经细分到了某一具体的疾病。就是说，一个科只看一种病。比如说，现在有糖尿病专病门诊，这个门诊的医生就只看糖尿病；还有高血压专病门诊，就只看高血压。如果病人知道自己已经得了高血压，那就可以直接去挂高血压专病门诊。高血压怎么治疗？这个问题专病门诊的医生肯定掌握得最好，而且他们所掌握的也一定是前沿的知识体系；高血压治疗的最新状况怎么样？他们也都知道。但是高血压专病门诊的大夫也不能只知道高血压而不知道其他疾病。因为患者得了高血压，还可能患有其他疾病，高血压还会有并发症，不同药物的治疗会相互干扰，也会发生不良反应，所以即使是专病医生，也应具备全面的医学知识。

褚 医生如果长期只接触一种病人，会不会对他的知识体系有所影响？

蒋 会的。但是基本上符合看专病门诊要求的医生，之前已经有了完整医学知识的积累，也都清楚疾病在不同阶段的表现以及治疗方向。比如糖尿病，一旦到了发生并发症的阶段，并发症的处理就不只是糖尿病专科医生的工作了，比如发生了肢体的坏死，那就要找外科医生了。专科医生当然清楚不同病人所要面临的不同的并发症。糖尿病如果合并心脏病，那就要去找心内科医生看。

褚 专病门诊可能也不是病人的终点站，而是中间的一个阶段。

蒋 对。比如糖尿病有多种并发症，是一种复杂的疾病，像这种疾病，基本就不放在基层看了。

褚 糖尿病属于复杂的疾病吗？

蒋 糖尿病在出现了并发症之后，就是一种复杂的疾病了。糖尿病如果合并冠心病，出现心力衰竭或肢体坏死，乃至其他一些问题的时候，再去社区看就不大合适了，那就只能到上级医院、综合医院来处理了。高血压也可以有很多并发症，也是一样的道理。但是，从病人最初发病起，到产生各种并发症，到疾病的终末期，可能需要二三十年的时间。在这二三十年的时间里，他都可以在社区看，最后遇到难以解决的并发症，就应该来大医院。现在实行分级诊疗的目的就是让大医院的专科医生留出时间和精力专门去看那些复杂的疾病，让这些病人得到很好的治疗，或者做一些前期研究，以预防或减少此类并发症的发生。大多数病人如果可以在社区看病，就不用来挤占大医院的资源。

褚 同一种疾病，就拿甲亢来说，在内分泌科可能会进行药物治疗，而普外科医生可能会建议进行手术治疗，到了放射科则可能会进行放射治疗……相同的疾病，为何不同的病人会遇到不同的治疗建议？

蒋 这个问题是这样的。对甲亢，有一个治疗共识，首先是采用药物。如果药物不能控制或复发，则应由内分泌科医生推荐到同位素科或普外科去接受非药物治疗。因此，同一疾病的不同治疗选择，有一定的治疗程序和指征，不是随意的。

褚 就好像要有一个决策者。

蒋 是的。决策者是内分泌科医生，但接受的科室，如同位素室或普外科，也应认真审核，要排除应用同位素或手术治疗的禁忌证。

褚 这个病人如果一开始去了普外科，普外科医生会怎么处理呢？

蒋 普外科医生会让他到内分泌科，让他首先在那里进行治疗。无论是手术治疗还是同位素治疗，两者都属于破坏性治疗方法，这种有创性治疗在施行之前，都需要先期进行内科治疗，内科治疗到一定程度之后，如果疗效不显著，才会建议采用非药物治疗方法。

如果换成阑尾炎，就不是这样了。阑尾炎当然也可以先用抗生素类药物进行保守治疗，但保守治疗无法去除病灶，所以阑尾炎是外科疾病。内科医生一摸肚子发现病人是阑尾炎，通常都会立刻将其转到外科去，因为他清楚自己处理不了这个问题。这个时候外科医生就有决定权了，他不会转回内科，这是他职业范围内的病。

褚 所以说无论内外科，都有一个首诊的问题。

蒋 你说这个标准是什么呢？那就是凡被教科书列为内科的疾病，基本都是在内科治疗无效之后才选择其他科的治疗方法；凡被列入外科教科书的疾病，首先考虑在外科治疗。只有在不能手术或不适合手术时，才转入内科进行保守治疗。

褚 您刚刚讲，不同专业的医生，对待疾病的思路都是一样的。那如果把内科和外科进行比较呢？他们的诊断与治疗思路也是一样的吗？

蒋 都一样。比如说，外科医生遇到肚子痛的病人，肚子痛可能是外科的问题，也可能是内科的问题，还有可能是妇科的问题或者其他方面的问题。外科医生遇到肚子痛的病人，首先会判断一下是否属于自己职责范围内的疾病，如果发现不在自己领域之内，那还是要推荐病人去内科或妇科。但不管去哪里，外科医生首先要把病历写清楚，排除本科的疾病，才能转到对口科室。首诊医生要写好门诊病历，转科理由——这就叫首诊医生负责制。你不能口头上推脱说"这不是我看的病"就草草了事。医疗方面的事都以记录为准，口头医嘱不算数，在紧急情况下可执行口头医嘱，但事后要补做书面记录。

褚 如您所说，先要诊断清楚，分科明确，然后优先选择简便的治疗方法……听起来，这一切都很讲规矩。

蒋 对。不是听起来讲规矩，而是医疗上都有规矩。现在每种疾病都有治疗规范，都应按规范执行。

褚 那比如说肿瘤，肿瘤治疗现在还分肿瘤内科与肿瘤外科，有的肿瘤还要分到不同科室去看，比如消化系统肿瘤，有的要去消化内科，有的则去普外科……这是不是也基于每种病的不同情况，由首诊医生帮助病人做出的选择和决定？

蒋 肿瘤治疗是一个特殊的领域。人体上几乎所有的器官都可以长出肿瘤，通常认为，肿瘤长在哪个器官上，就由哪个器官疾病所属的科室处理。比如说，喉癌应该是五官科的，腮腺肿瘤应该是颌面口腔外科的……就是看这个肿瘤长在什么器官，就归哪个科管，所以肿瘤治疗的现状是病人分散在各个科。有时候也会集中，比如胰腺癌是普外科的，胃癌是普外科的，结肠癌是普外科的，乳腺癌也是普外科的。妇科肿瘤由妇科医生治疗。

那么什么时候到肿瘤科呢？如果需要做化疗或生物免疫治疗，那就归肿瘤科了。如果是肿瘤医院，那还会设有肿瘤内科和肿瘤外科，并且分设各肿瘤专科和相关的辅助科室。

褚 那化疗是否一定是肿瘤科医生做呢？

蒋 应该是这样，化疗带有专业性质，而且化疗进展很快，尤其现在生物免疫靶向治疗，同基因检测的相关性更为紧密。因此肿瘤治疗更专业化，化疗应由肿瘤科完成。

褚 那现在的肿瘤科还管别的事情吗？

蒋 不管其他的，就管化疗。但为什么现在还有一部分病人流落在外面化疗呢？比如说妇科肿瘤就留在妇科做化疗，因为这些疾病都有一些专业上的问题。但肿瘤科也要关注和指导其他科室的化疗工作。

信息的"不对称"

褚 您说过治疗的一个原则是简便经济,这是您的原则还是教科书上也是这么说的?

蒋 就是说,在取得相同治疗效果的前提下,应该采取一项比较经济、合算的措施来治疗病人。教科书上也是这么介绍的。就算是在经济发达的国家和地区,也应如此。如果有两种治疗方法,其中一种已使用多年且公认有效,另一种新的方法也很有效,某些方面优于老的治疗方法,但是费用贵一点。那么在做选择的时候,要跟病人说清楚,两种方法的价格以及效果比较,可以让病人及家属自己选择。

褚 病人往往是站在信息不对称的那一边。

蒋 所以要说清楚。比如给冠状动脉狭窄病人放的支架有两种:一种是药物的涂层支架,另一种是金属裸支架。金属裸支架就像一枚戒指,外面什么药也没涂,支架放在冠状动脉里也是撑开的,但是植入一段时间后,支架内发生再狭窄的可能性大一点。药物支架的金属外面涂有一层药膜,这层药膜可以慢慢地释放药物,阻止血管壁平滑肌增生,发生再狭窄的概率小一点。比较起来,当然药物支架比一般裸支架要好,但是价格贵一倍。

如果是从病人的角度来选择,药物支架肯定更适合于某些人。但药物支架的费用超出了医保范围,要自费负担一部分;另外,药物支架的抗血小板治疗时间长,还需要用两种抗血小板药物,也会增加费用,这些都需要向病人说清楚。如果医生不告诉病人,那就是信息不对称,肯定不对;如果告诉了病人,病人还是选择裸支架,那也是可取的。

再比如说起搏器。起搏器的品种很多,有保证基本生命的,费用一万元多一点就够了,但是功能比较好的可能需要三四万元。国家医保只能报销一万多元,如果植入的器械需要三四万元，那超额的部分就要病人自己负担。这些都要跟病人说清楚。

但有些治疗不能完全让病人自己选择。从病人的利益出发，要求医生帮病人选择治疗方案、选用设备。医生要站在对病人有利的角度，推荐使用合适的设备、好的治疗方案。例如起搏器的种类很多，医生要帮助病人选择一个最适合他的起搏器，即使价格高一点，也只能是这样。

褚 有一种说法是，医患之间的矛盾主要来自信息不对称。在医学知识面前，医生知道的远比病人多得多。因为不知道，所以产生误会。病人可能预期过高，以为医生是无所不知的。

蒋 判断失误，这个是极少数的，但治疗都有一个极限。还有一种情况就是，交代不够清楚，沟通不够充分。病情的严重性与危险程度，也有不可预测的因素。例如心脏病患者，病愈出院时还是好好的，但回家后猝死了，家属难以接受。有的时候是医生交代过了，但病人没有听进去；有的时候则是医生没有交代或者交代不清楚。现在的年轻医生不像过去的医生那样事无巨细都管，现在他们事情也多，沟通渠道不通畅，所以病人可能不能理解。

还有一个过度检查、过度治疗的问题。什么叫"过度"，判定有时很难，与主诉或主要疾病不相关的治疗或检查，或者应用了无效的治疗药物，或者采用了不可信的检查方法，增加了病人的经济负担或产生不良效应，此谓"过度"。但也有通过"过度"检查意外地发现了重症疾病，还有因为"不过度"而漏诊了重要疾病。因此，在判断时不能一概而论，要具体问题具体对待。

总之，医院是一个救死扶伤的地方，不是赚钱机构，医院的设备和基本建设，公立医院都应由国家投资，不能从"过度医疗"中获利。所以，要医院自己赚钱，要医院自己养活自己，这些都是不对的。

褚 过度治疗在某些疾病，比如肿瘤的治疗方面，反而适得其反。很多病人都会这样认为。

蒋 这个问题是这样的：有些疾病的治疗用药是明确的，这种病就应该用这种药，用药多了，一看就知道；而另有些疾病的治疗用药并不明确，比如肿瘤的治疗，本来就说不清楚，用药界限不清。这个时候就无法判断是过度还是不过度。你说过度，他说治疗肿瘤就是需要这种药；你说不需要，他反问你有什么依据。所以，越是不能治的病，治疗药物越多，但基本都是无效药物，这就是过度。

褚　是药三分毒。不正确的用药,会不会将情况推向反面?

蒋　有的是明确的,有的不明确。有的病人在治疗后病情恶化了,这是由于疾病本身进展还是药物引起的,谁也说不清。因此,临床治病所用的药物都应该是经药事部门批准的药物。

褚　医生要以慈悲为怀,治病救人,所以说医生仅次于上帝,要有同情心、同理心。

蒋　所以古今中外,医生都是受人尊敬的职业。在国外,医生就像牧师一样受到尊重,因此有"仅次于上帝"之说。

褚　毕竟医疗行为是很具体的,也有很多不确定性。

蒋　所以说不生病最好,生病也是难免的,总要设法治疗。我们人体有抵御疾病的能力,很多疾病不治疗也能自愈,所以医生治病仅是辅助性地促进病人恢复,绝不能帮倒忙,不能使疾病复杂化。有些疾病不借助外力无法逆转,那就花全力去治疗。正确的治疗还是来自正确的判断。

医生的基本功

褚 讲到分科，现在我们看病要这么大规模的一所医院，过去可能一位中医先生就可以了。现在，您也说起过，国外就有很多私人医生挂牌，他也是以个人作为行医单位，那这个可能与分科细化又有矛盾。现在似乎在中国，个人团队也多起来了，这个与我们的分科细化，是不是也有矛盾呢？

蒋 现在私人诊所最多的是口腔诊所，实际上是牙科，因为仅仅是装个牙、补个牙或拔个牙，私人诊所可以做到。有一些好的私人诊所还允许使用医保卡。另外还有一些私人诊所，因为有具备行医资质的医生，经卫生主管部门批准，可以行医，这就相当于基层的全科医生，帮助周边居民看个病，或相当于便民诊所，这也是可以的。遇到不能看或不清楚的病，他应该介绍病人到医院去治疗。不过，如果说要开一个心脏病诊所，那责任就大了，一般心脏科医生不会做这种事。

褚 那是因为心脏治疗需要团队？

蒋 心脏病的治疗比较复杂。诊断要做心电图、超声心动图、CT或冠脉造影等，这些诊断和治疗都需要有一个专业团队。如果诊断明确，治疗方案已确定，病情稳定，可以回到地段医生或私人诊所回访。所以，基层全科医生还是大有作为的，私人诊所也可随访此类病例。

褚 我还看到上海有一个血管外科的医生建立了自己的手术团队。

蒋 这是可以的，比如眼科医生就可以成立一个专业团队。这个团队只做白内障手术，平时就把相关的设备都装在一部汽车里，汽车开到哪里，手术就可以做到哪里。而且团队医生非常专业，手术做得特别好。国外就有专门做心脏射频消融的团队，也是在汽车内装有全套设备，专业性很强，手术效果很好，不少大医院的病人还等着这样的团队去帮他们做手术。一般的医院就不需要配置这些昂贵的设备，也不需要配备这样的专业医生，这样可省下不少成本。

褚 就像您之前说的，到中国来做心脏病手术的团队。

蒋 对。继续举白内障手术的例子：西藏有很多白内障病人，因为高原地区紫外线强，长期居住在西藏的人可能五十多岁就患有白内障。这些病人出门很不方便，而白内障手术团队可以开着这辆载有手术装备的汽车，一路行进，一路就把很多白内障手术都做了。而且他们的白内障手术可以做到高度专业化，这就属于医疗团队。

美国还有做消融术、做导管术的团队，做手术所需的基本设备都在车子里，很齐全。因为有时候医院培养团队也要考虑成本核算，如果某一类疾病一年只有二三十个病人，医院要养这个团队，还要添置很多设备，就不太经济，完全可以打电话让外面的团队来做手术，而且做得很好，因为高度专业化，成功率很高。这些都是可以的，今后我们国家也会有。组建这样的专业治疗团队需要严格的资格审查以及行政主管部门的批准，还需要一套相应的管理制度。

褚 那就是有点像外包了。

蒋 我觉得这个是允许的，但是一定要进行资格审查，而且还要有健全的规章制度。在国外，这些都有一整套制度，我们国内还没有。像白内障这样的手术可能是有充分保障的，因为手术简单、技术成熟。但如果要做复杂的手术，比如消融术，难度可能就大一点了。

褚 其实这也是治疗行为中的一个部分、一个环节。

蒋 要建这样的团队，有个前提，就是要有利于病人、方便病人，才可以做这个事情，而不是从经济的角度考虑这个问题。在这种服务中获取合理的报酬，是可以的，但事情往往会做偏，因此真要实行流动的医疗团队，要有相应法规作为前提与保障。

褚 很多行业好像都在这样做了。

蒋 各行各业都有职业道德，我觉得我们国家还没到这个程度，就是每个人都要有一定的觉悟。以服务为宗旨，方便病人，服务病人。但我相信总有一天可以做到。

褚 但是整个人类社会，迄今为止有过到这种境界的时候吗？

蒋 我相信会有的。到人类知识、财富都丰富到一定程度，人与人之间都真诚相待，不再有欺诈，那时候科学也会给人们提供更多的自由。

褚　什么时候?

蒋　你这个问题问大了。这是哲学家、政治家回答的问题。也许有朝一日，工作不再是人们谋生的手段，工作仅是人们生活中的乐趣，人们会做到全心全意地相互服务。

褚　为什么现在做不到呢?

蒋　物质还没有丰富到那种程度，人与人之间还存在竞争，金钱关系还在指导社会的运转。但到物质丰富了，人们知识充沛了，道德水平也整体提高了……会到那一天的。

褚　您现在还和年轻时一样，每天都把听诊器放在白大褂的口袋里吗?

蒋　当然。情况很急的时候，难道还要临时找听诊器吗? 这是一个习惯，我每天带着听诊器，就像战士每天都要扛着枪上战场一样。

褚　那个时候您三十岁不到，一直到现在，五十多年了，听诊器就一直在您口袋里没有拿掉过，对吗?

蒋　我从做实习医生的时候就开始随身带听诊器了，就像战士手不离枪。

褚　现在听诊器还是内科医生必备的检查工具吗?

蒋　现在对于疾病的诊断，基本原理、方法其实没有变。通过询问病史、体格检查和常规化验可以完成80%～90%的病例的诊断。再剩下的部分，觉得没有把握，才去做相应的检查。而不是病人一来，病史还没有搞清楚，就一大套的检查全都做了，最后医生就搜集这些资料来看，从一堆检查报告和化验单里归纳诊断。其实这是有问题的。所以说，过去的传统诊断方法是基本的，不能丢弃。对于现在的医学生来说，诊断学知识和技能还是基础。假如说不好好学习诊断学，全靠化验、超声，那是不对的。但也不是说现代的检查方法不重要。

褚　先做现代检查，算是捷径吗?

蒋　不是捷径。有时候反而是绕道而行。医生应该先问病史，然后做体格检查（物理检查），再做出初步判断。为了确定这个初步判断，再去做相应检查，这是有目的的，不是大海捞针，那样检查结果的阳性率就大大提高了。

　　比如说一个病人咳嗽很长时间了，一直查不出原因。过去来说，通常是先做透视检查，如果不清楚，就拍个胸片，如果还不清楚，就再做个CT检查，这样对这个病人就有个基本印象了。检查是为了验证初步判断的可靠性，或发现其他问题。所以检查项目是有选择性和有目的的，检查结果阴性就排除了某些疾病，结果阳性就肯定了某些疾病。结果阳性和阴性都有价值。假如说医生一点印象都没有就开化验单、申请单，检查项目一大摞，有什么用呢？所以现在为什么检查费用这么高？这是有问题的。为了增加医院的收入，过度检查就更不对了。

过度检查是医生的问题还是医院的问题，要区别对待。现在是有的医院做过度检查，从中获益。

医院不是一个营利机构，它是一个社会服务的福利机构，国家对医疗卫生事业有补贴。

看病贵、看病难也不是医生的事情，所以病人抱怨看病贵、看病难，也不应发泄在医生身上，这个问题有其更深层的原因。我相信随着改革的深入，这个问题会逐步得到解决的。

问病史、做体格检查是基本功。只有亲自看过病人了，才能放心；如果不放心，那就要收住院，收在病房可以随时观察病情变化，更详细地了解病史。只有弄清楚诊断后，才能正确治疗。这是任何一个医生都应该具备的素质。年轻的医生要逐步累积这样的素质，他们经历多了也会这样做。有的人为什么到三四十岁就已经很有经验了？其实是他累积的经验已经达到这个程度了。也有人可能做一辈子医生也不具备这种素质。责任心是做医生的基本要求——没有责任心，怎么做医生呢？

所以说，医疗本身应该是人与人之间的关系，不是机器与人之间的关系。对待病人，不应仅是单纯地看病，还应有人文关怀，体现人间真情。

褚　刚刚说到同情心，您觉得一个医生从年轻到年老，随行医生涯的累积，同情心会有变化吗？是越来越多，还是越来越理智地看待问题？

蒋　总的来说，还是越来越多，越来越理解病人和家属的心情。

褚　但是会不会因为见多了，反而有可能无动于衷？会吗？

蒋　不会的。但对待病人、对待疾病更理智，这是会的。比如说，如果医生觉得这个病人有治愈、改善的希望，那么他会尽全力去抢救和治疗。如果诊断已经清楚，各种治疗都已无望，抢救即使能延长病人短暂的生命，但增加了病人和家属的痛苦，那么使用一些药物，让病人不要在痛苦中死去，这也是一种人道主义。如果病人已失去知觉，全靠人工机械支持维持着心跳，并且无望恢复，也应劝说家属让其安静地离世。

褚　病人一般不会知道，原来还这么微妙。

蒋 我觉得这是一种比较理智的处理,如果你到那个时候还要用更好的药,更复杂的治疗,对病人及其家属来说,只会增加经济负担与痛苦,但是得不到任何好处。

褚 那要如何将这个意思传达给病人?好像也很为难。

蒋 因人而异,有的病人很理智,这样的病人可适当地向其交交底,让他积极配合治疗。有的病人不大理解,那要向家属传达这个意思,这个时候就要跟家属讲清楚,这些治疗如果继续下去,可能是徒劳无益的;有些药物很昂贵,只会增加经济负担,不如适当地改为对症治疗。

褚 医生与病人的关系是不是应该像战友一样?并肩作战?

蒋 是这样。医生和病人的目标是一致的,在与疾病做斗争的过程中应该是同一战壕里的战友,所以医患双方应该充分信任,互相沟通,以诚相见。但由于医患双方的立场不同,认知水平不同,各自的要求也不同,难免会产生分歧、矛盾。因此,医患之间的相处是一门艺术,医生也应学点心理学知识。

心脏病现场

- "不能只顾治疗,不管预防,那是会越治越多的。所以,在心血管疾病的治疗上,医术已经一点不落后,问题在于普及。从降低心血管病的发病率来说,重点是预防。"
- "当然,我们现在大部分的医生都在临床上,做基础研究的比较少。所以,基础研究或临床的基础研究与国外是有差距的。"
- "只要保守等待的风险或后果比手术的风险更大,那就还是积极治疗为好。因为保守等待只有一个结果——死亡;而积极进取治疗则可能有两个结果——好转或死亡。"
- "不同的时代有不同的工作方式,但对病人的关怀应该是一致的。"

世界上的各种心脏病

褚 从比较宏观的方面来说,现在人类对心脏病的认知是一个怎样的状态?中国人的心脏疾病谱是怎样的状态?

蒋 你是要问心脏病目前的状况吗?现在我们国家心脏病总体情况是这样的:有的心脏病比过去少了,比如风湿性心脏病。但是在20世纪五六十年代,它在我国还是一种很常见的、影响很大的心脏病,尤其是在青少年、成年人当中。这些年,我国对风湿性心脏病的预防做得很好。只要减少链球菌感染,就可预防风湿热发病,从而减少风湿性心脏病的发生。

以前还有一种比较多见的心脏病是肺源性心脏病。它主要由于老年慢性支气管炎患病时间长了,影响了肺功能,最后发展成为心脏病,所以称为肺源性心脏病。这一类疾病现在也少见了。这得益于生存环境的改善、生活条件的改善、居住条件的改善,以及宣传吸烟有害之后烟民的减少。

但是,另外有些心脏病比过去多了,像冠心病就比过去多。就拿苏州地区来说,苏州地区过去是冠心病的低发地区,发生心肌梗死的人很少。还有高血压性心脏病也多了,心力衰竭病人多了,心律失常病人也多了,房颤病人多了,但阵发性室上性心动过速的病人少了,这个可能与消融治疗有关。所以说,我们国家现在的状况是:心血管疾病的改变可能跟国外差不多了,即心血管疾病谱同国外接轨了。

还有,过去肺栓塞病人是不多的,夹层动脉瘤病人也不多,现在可以经常看到这两类病人了。这不是由于诊断水平提高,过去没有诊断出来的缘故,确实是现在的病例增多了。所以,现在我国心血管疾病发病的情况、疾病谱的状态正在逐步向西方发达国家靠拢。还有一些疾病,可能我们做得还不是太好,发病率甚至超过了国外。比如说冠心病,我国冠心病的发病率还在增加,而在西方发达国家这种疾病的发病率已经停止增长，甚至在逐步减少——但是在我们国家还没有看到拐点。拐点是指疾病发病率停止上升，开始下降。在欧洲国家与美国，冠心病的发病率已经出现了拐点。

褚 这是什么原因导致的呢？是他们已经找到了更好的药物治疗方法，还是人们的生活方式有了很大的改善？

蒋 这是综合原因导致的结果，他们也确实采取了一些综合预防措施，并且发挥了作用。因为冠心病可防可治，只要着重预防，它的发病率就会下降。所以，苏州地区要回到从前冠心病低发状态也是可能的。过去苏州地区人们的饮食比较清淡，环境清幽，摄入的食物以蔬菜为主，高血压、冠心病、糖尿病低发。近四五十年来，生活逐渐西化，体重急增，肥胖随处可见，心血管疾病的发病快速增长。

得了高血压如果控制不好，就不是单纯的高血压、心脏病的问题，而是会加速冠心病的发展。所以，我们应该重视饮食，注意低盐少油，不能营养过度。

还有一个问题就是健康的生活习惯。过去苏州这个地方，人们的生活节奏比较慢，现在你可以看到大家都很紧张，无论上班还是回家，走路都是急匆匆的。生活节奏快了，工作繁忙，情绪紧张，每个人都急匆匆……所以，缓解紧张情绪也能减少心血管疾病的发生。

还有一个问题就是抽烟。吸烟总是有百害而无一益，因此要大力宣传吸烟的害处。还有，体力活动少了，走路有代步工具，不少家务也由机器代替。吃得多，动得少，脂肪怎会不堆积，血脂怎会不上升，长此下去怎会不得心血管疾病呢？

还有一种疾病与冠心病有着密切的关系，那就是糖尿病。现在我们国家糖尿病的发病率也很高。20世纪六七十年代，糖尿病发生率不过3%左右，人要到一定年龄才开始得糖尿病，现在很多人三四十岁就患糖尿病了，五六十岁、七八十岁的糖尿病患者就更多了，发病率可能在10%以上。而糖尿病发展下去的后果更严重，心血管疾病包括冠心病，是糖尿病的重要并发症。

可见，苏州地区一些合理的饮食习惯、良好的生活方式正在逐渐被西式不良生活习惯替代。心血管疾病的一些高危因素在增加，由此造成苏州地区心血管病的发病率在逐年上升。

褚 全国心脏病死亡率最高的地方在哪里？

蒋 可能还是北方地区，包括山东省、东北地区、河北省及北京市。关于苏州地区

1986年,蒋文平作为首届赛克勒(Sackler)医师年度奖获得者访美。前排左起:钱信忠部长、Sackler夫人、Sackler博士。后排左起:郑振声、吴宁、吕斌、蒋文平。

1986年,蒋文平作为Arthur M Sackler基金会邀请代表,接受Sackler博士接待。

的疾病死亡率，我上次听到卫生部门有一个排名，排在第一位的是肿瘤，肿瘤还是占死亡第一位，第二位是脑血管疾病，第三位是肺部疾病，第四位才是心血管疾病。但是比起过去来说，现在心血管病的发病率与死亡率要高出过去很多倍，这是我们不能忽视的。

  预防工作当然正在做，但是做得还不够好。如果做得好，心血管疾病的发生率应该有所下降。不过确实，我国的疾病谱变了。比如说过去的风湿性心脏病病人主要是二尖瓣狭窄、二尖瓣关闭不全、主动脉瓣病变，合并一些感染性心内膜炎……就这些疾病，过去在我们国家，是有一些好的治疗办法，比如瓣膜置换、瓣膜介入……现在病人少了，治疗也会跟着发病情况的改变而发生改变。

褚 那么我们国家在这些心血管疾病的治疗方面，与国外还有多大的差距？

蒋 关于高血压病的治疗，我觉得我国在治疗的用药、治疗的要求上，已经同国外没什么差别。但是在治疗达到的效果上还是有差距。这个距离是指该用药的人可能还没有用药，并且治疗还不规范——有的病人只是在血压升高的时候服药，血压不高就自动停药，然而这些都是不规范的治疗。还有就是，引发高血压的一些因素没有控制好，比如吃得太咸、精神太紧张。所以在治疗上、治疗的认识上、用药的水平上基本同国外没有差别。问题在管理、普及、提高防病知识及教育上与国外还有差别，所以高血压的治疗可能要走出医院，把重点放在基层，进行高血压普及宣传教育，把知识告诉大家，应该怎么防治高血压——经过十余年的努力，一定能控制高血压发病的增长。

  同国外相比，我国在冠心病的治疗上一点不落后，无论是硬件（设备）、软件（医疗人员），还是能做的这些技术及技术掌握的程度，一点也不比欧美发达国家差。但这些医疗资源大多集中在大城市、经济发达的地区，边远地区、经济欠发达地区的病人还不能享受到此类先进的治疗技术。目前更重要的是，我国应该把预防放在首位，如果不把心血管病的防治放在首位，那就越治病人越多，再多的医疗资源都不够。

  糖尿病在我们国家的情况是这样的：糖尿病是一种内分泌疾病，所以病人还是在内分泌科接受治疗，但糖尿病后期产生并发症的病人可能是在其他专科接受治疗。心脑血管并发症中，冠心病在心内科治疗，脑血管病在神经科治疗，外周血管病在普外科、血管外科治疗，所以糖尿病病人在各个专科都有。但糖尿病的发病年年在增加，如何减少糖尿病的发病，谁都不管，那到哪里才是治疗的尽头呀？因此，针对这些常见心血管疾病，要建立预防体系，要制定规划，预计心血管疾病的发病率能降低到多少。经过十年的努力才能见到效果，不能只顾治疗，不管预防，那是会越治越多的。所以，在心血管疾病的治疗上，医术已经一点不落后，问题在于普及。从降低心血管疾病的发病率来说，重点是预防。

褚 人类对心血管疾病的认识有没有穷尽？

蒋 认识总是没有尽头。比如冠心病发病的主要原因是动脉粥样硬化。对动脉粥样硬化的认识已有百年历史，但至今对其发生环节还说不清楚。要说完全预防，可能也不大容易。因为粥样硬化是一个自然衰老的过程，但是能不能推迟发生？比如有的人四五十岁就有动脉粥样硬化了，是否可推迟10~20年发生？那不就是能推迟10~20年发生衰老了吗？对此进行一些干预，让动脉粥样硬化到了会自然出现的年龄再出现，这就是预防。

要做到这一点，会涉及基础研究：动脉为何会产生动脉粥样斑块，如何才能让它延迟发生？现在也已经研究得比较深入了。当然，我国现在大多数医生是临床工作者，做基础研究的比较少。所以，我国的基础研究或临床的基础研究，与国外相比是有差距的。但是有差距不等于说我们不知道，还是应该着重于预防动脉粥样硬化。

褚 也是顺便在这里问一下，同样学医，为何愿意做基础研究的人就少？

蒋 这是我国的现状。国外优秀的大学毕业生参与生命科学研究的不乏人才，为什么我国现在医学院毕业的学生都愿意做医生，而不愿在实验室坐冷板凳？因为收入的差距比较大。同小白鼠打交道，只有付出，而且要好几年才能看到成果。临床是立竿见影的，无论是经济收入还是治愈病人的成就感。而基础研究，做几年可能也写不出一篇论文，更不要说经济收入了。

所以我觉得应该做一些调整：让做临床、基础研究的人获得相应比例的、平等的收入，那么他们才愿意在这个岗位上安心工作。做科研工作，也许五六年出不了一点成绩，或者做出的成绩是一个隐形的结果，最后给别人做了铺路的石子，等于帮他人把这个地方的缺损垫平了，他人从这个地方走过去就不走弯路了，而自己呢，可能一辈子所做的事情都是给他人做垫脚石，他人却沿着自己铺的路走到前面去了——基础研究做的就是这些事情。所以做基础研究需要很强的奉献精神。

褚 我们形容一个生命迹象的消失，常常会用这样的句子描摹："他的心脏停止了跳动。"所以心跳是作为生死边界的一个标志而存在的吗？作为一名心内科医生，您是否将心脏看作是生命的核心?

蒋 是这样的。心脏停止了跳动,就表示生命结束。一个人从胎儿期三个月起,心脏就开始跳动了,一直要为这个人忠心耿耿地服务一辈子,一旦停止跳动,生命就结束了。这是生物学上的死亡,也是带有感情色彩的告别人间。

这是传统意义上的认识。但如果心脏还在跳动,大脑已经死亡,这又该如何判断呢?在有的国家,脑死亡即意味着真正的死亡,因为他已没有意识,对外界毫无反应,与死亡已经没有区别——因此有人主张,只要脑死亡,就是实际意义上的死亡。

脑死亡,心脏却还在跳动,这样的状态,有的人或许还能维持很长时间,呼吸可用器械辅助维持,营养可用鼻饲或静脉营养维持。人是有感情的,心脏还在跳动,那家属怎么忍心就这样放他(她)走呢?这就不是简单的医学上的问题了,而是涉及社会伦理的问题。

但在法律层面,应该允许家属放弃治疗,不受社会指责,而病人身上的有用器官还可移植到其他需要的患者身上。这才真正体现了生命的延续,从人道上是应该提倡的——让能活着的人继续活下去,让无法继续生存的人走完人生的路。

褚 脑死亡是可逆的吗?

蒋 不可逆。脑细胞死亡之后是不能复苏的,脑细胞不大可能再生。所以说一旦脑死亡,即使心脏还在跳动,它也是活在另一个世界里了。

褚 就是说,进入了植物人状态?

蒋 假如能够从法律等层面做出一些改变,实际上可以节省很多医疗资源。另外,已经脑死亡的病人可以捐献出很多器官来救活很多需要救命的病人。因为他的心脏还在跳动,还是活体,甚至其心脏还能用到其他心脏病病人的身上。

褚 移植供体要求是活体吗?

蒋 要求是活体。其他器官也一样。如果判定是脑死亡,但心脏还在跳动,比如肝脏器官也还是活体,就可以拿出来移植到需要肝脏的病人身上去。所以,关于脑死亡这个问题,要是能有这样一个判断的话,可以做不少事情。但我国现在还是以心脏停止跳动来判定死亡,脑死亡还得不到承认。

褚 这是我们国家的法律规定的吗?

蒋 基本上是这样吧。传统上,伦理就是这样。这涉及很多社会问题,涉及活着的人的感情。

褚 您有没有碰到心脏停跳（心脏停搏），但是后来又复跳的情况？

蒋 有啊。这个问题也取决于病人的具体情况。比如一个心肌梗死的病人，他可能心脏突然停搏，如果及时给他按压，送到医院开通血管，这条命可能就被救回来了。从出现症状到死亡在一个小时内的死亡，叫猝死。如果抢救及时，猝死的病人可被救活。但如果心脏停搏的时间太长，并且在停搏这段时间内没有采取合适的抢救措施，那么这种病人即使心肺复苏成功，大脑也已经因缺血而死亡，就很难恢复正常了。

褚 也就是说，心脏的紧急发病，有时候就是生命在和时间赛跑？

蒋 现在不是有一种移动式除颤器吗？在公共场所，如火车站、机场、大型体育场都可以装配，如果遇到有人突发心脏停搏，随时都可以使用。这种机器的工作原理是以一股强的脉冲电流通过心脏来消除心律失常，使心脏恢复正常搏动。这种体外复律除颤器我国也在使用，已经布设在不少公共场所，非医务人员也可操作使用。

褚 您看到过在公共场合的使用吗？

蒋 尚未见过，但我知道苏州有这种设备，就是体外自动除颤器（AED），而且还是在苏州研制生产的。体外除颤器布置于人口密集的地区，一旦有人猝死，随时可以救助，这就是"养兵千日，用在一时"。另外，也应该对全民进行简便的救护和心肺复苏的宣传教育和培训。

褚 哪些场合比较容易发生猝死？

蒋 人们情绪激动、兴奋时可发生猝死。人们在体育场观看体育比赛，如果有心脏病，就容易诱发猝死。还有马拉松比赛，当一个人运动达到极限，即使是健康心脏，也会发生心脏停搏（心室颤动）。若是有隐匿性心脏病的患者，剧烈的体力活动会暴露出心脏潜在的问题，发生猝死。因此，万人以上的马拉松比赛现场常见有猝死发生。

褚 体外除颤器的使用需要掌握一定的技巧吗，还是普通人就可以用？

蒋 普通人就可以用。在发达国家，每个公民都必须学会心脏抢救方法，所以一般老百姓都会使用，我国还有差距。这是红十字会的任务。我不知道现在大学里还有没有这门课程，国外学校都有，连小学都有，一般老百姓都知道如何进行心脏按压，如何实施抢救……我想这方面我们是有不足的。

褚 在日常的抢救工作中，您有没有一种作为医生的敏感，可以预感到这个病人可能救不了、心脏将停、死亡将来?

蒋 有啊。很多时候依据病人的病史与状态，基本可以判断出来。比如有些病人，我们在做治疗之前，就觉得这个病人可能救不过来，但是还不能轻易放弃，必须给他做应有的治疗。这时，你一面在抢救，一面就觉得这个抢救可能是徒劳的。

我们一般说的医疗纠纷问题，很多情况下是医患没有沟通好，比如像这种病人，可能治疗的危险性很大，但是不治疗也不行，可能只有百分之一的希望可以挽回，百分之九十九是拉不回的——那么你说这个百分之一的机会是放弃还是再往前走一走、搏一下呢? 这种情况下就需要医患充分的沟通，要与病人或者病人的家属说清楚这个问题：要进行抢救，可能钱花了，但人还是没了，希望家属有这种心理准备。但只要家属同意，医生就会尽力去救。假如家属说算了，那么医生可能也就放弃了。

有一种情况是意外伤害，比如有人从高处坠落下来，心脏停搏；或者地震中被埋压的人，救出来可能呼吸都不行了；也有溺水导致的心脏停搏……这些情况下的抢救又是另一回事了，哪怕只有百分之一的希望，也得用百分之百的努力去抢救。为什么呢? 因为在意外发生之前他是一个健康人，如果救活了，就是一个完全健康的人，应尽力抢救。所以，我们作为医生是可以判断的。但是无论哪种情况，都应尽力抢救，无论哪种结果，都需要家属理解，以减少医患之间的纠纷。

褚 就是说在抢救之前，对被救者全面情况的把握是非常重要的。

蒋 对。

一次特殊的抢救

褚 冒昧问一下,您有没有给熟人进行抢救的经历?给熟人进行治疗,心里会不会有犹疑与害怕?我听说有的医生是不敢给熟人做手术的。

蒋 医生在碰到这种情况通常比较理智,因为医生清楚抢救的可能结果,即使是亲人。抢救的话,可能会延长病人的存活时间,哪怕是几个月,但这种情况下可能病人活得并不舒服,而且增加他的痛苦,那就要以对症治疗为主,尽可能减轻病人的痛苦。如果医生判断病人的存活时间不长,那更要理智对待,比如刚刚说的,已经脑死亡但是心脏还在跳动的情况,从生物学角度来说,病人还算活着;但从社会学的角度看,病人已经死亡,那么这种病人活着实际上对病人和家属都是一种痛苦的折磨,那么是医生也是亲人的双重身份,本着人道的精神,就应该向病人家属明确告知真相。

褚 有没有超越经验之外的惊喜存在过?比如根据经验判断病人可能不行,但是后来却被抢救回来了。

蒋 有啊,就是他的抢救成活不在医生的预想之内。

褚 这会是在什么情况下发生的?

蒋 比如我们这里有一个同事,是一位夹层动脉瘤患者。他本来好好走在路上,突然被一辆自行车吓了一下,当时可能血压骤然升高了,回家后不久,动脉就破了,而且破在夹层,不会立即显露,但后来表现出来,一查,是夹层动脉瘤,而且还在不断扩大,不手术就危险了。但做手术的难度也大,死亡的可能性极大。患者本人是医生,而且是我们朝夕相处的同事。他非常清楚自己的病情:等待的风险高于手术的风险。在家属的高度配合下,医患双方一致决定手术。

当时,我们是在心脏大血管外科做的手术,院内外和内外科合作。这台手术不是一般的手术，是要把腹主动脉从起始部位直到膈肌这么长的一段血管全部换掉，换成人工血管。手术难度非常大，余下的腹主动脉内还得放支架。手术总算成功，但术后问题很多，曾几度在死亡边缘被抢救回来，如同过关斩将。好在他的家属也是医生，给予了充分理解。如果不往前继续走，那么肯定是死路一条，所以只能硬着头皮往前走，大家都齐心协力。这个病人后来被救活了。

褚 这位病人后来呢？

蒋 发生了二尖瓣关闭不全、心力衰竭。心脏不是有二尖瓣、三尖瓣等瓣膜吗？心脏收缩时，瓣要开关自如，心脏才能发挥泵血作用。但是他出现了一个什么问题呢？二尖瓣可以开，但是关不上。关不上，收缩时排出的血液，舒张时又会返回来。这个怎么办呢？第二次手术做二尖瓣置换，手术难度更大。也是凑巧，那次上海中山医院请了几位美国医生来做示范手术，他这种情况正好是适应证。在葛均波院士的大力支持和精心操作下，用血管微创技术做，手术成功了。当时手术有风险，可能不成功。但如果不做，也会每况愈下；如果手术成功，能改善症状，还能活得舒服一点——他接受了这次国内开创性尝试——手术成功了，后来他多活了好多年。

因此，治疗任何危重病人，都不能轻言放弃，要尽一切所能去抢救。因为任何生命只有一次，任何抢救都有风险，绝不能因为怕担风险而放弃治疗。只有敢于攀登的人才可能有创新。但医生抢救病人不是无原则地不放弃，我们按原则办事，如果是急性病，应该全力抢救。只要保守等待的风险或后果比手术的风险更大，那还是积极治疗为好。因为保守等待只有一个结果——死亡；而积极治疗则可能有两个结果——好转或死亡。

褚 同事们都说您对病人特别上心。

蒋 这是医生的职责。假如说病人在诊断上不确定，在治疗上有问题，那我会一直要去看的。我早上去看，下午还会去看，要仔细观察他究竟有什么变化。我也有不看的病人。大家都知道的：蒋医生一直来看的病人，总归有点问题；如果蒋医生不来看了，那病人肯定没有问题了，诊断和治疗都已定了。所以，病人看我一直去看他，反而会担心；如果我不去看了，他倒是放心了。另外还有一种情况就是：如果蒋医生不来看某个病人，就说明他也无能为力了。

褚 医生的言行，原来也有很多心理暗示落在病人心中。

蒋 弄不清楚的时候，要经常去观察，直到弄清楚为止。

褚　所有医生都这样吗？

蒋　应该是这样，但现在有一些不同。设备先进了，看病的方式也不同了。现在只要看储存的监护记录就可以了，不需要像我们那时候一样靠一次次观察病人的变化才能获得可靠的诊断，但治病的责任心不能变。所以，不同的时代有不同的工作方式，但对病人的关怀应该是一致的。

褚　那一次惊心动魄的抢救，后来有没有总结一下成功经验？

蒋　这是各方面共同努力的结果。因为成功抢救一个病人，涉及各个方面各个科，这反映了一个医院的综合医疗技术水平。各科都有所长，取各科之长，这就是综合医院的好处。依着综合实力，联合各科的长处，才能抢救复杂疑难病例。那个病例攻克了很多难关，历经了三到四个月的时间，看来能活下去了，才由心血管外科沈振亚主任总结，刊登在苏州的报纸上。

褚　您长期任大内科主任，是不是经常会在内外科合作的手术上担任谋士？

蒋　谋士不敢当。只是在会诊时综合各方的意见，集大家智慧，敲定一个合理的治疗方案而已。

褚　相比于普通人，心血管科医生对自己的心脏有没有格外关注？

蒋　现在仅仅是每年做一次检查。体检时只做规定的几项检查，并不会像对待心血管疾病病人那样仔细检查。只在有心脏不适的时候，才会去做检查，或者也是在发病后才知道。心脏科医生不见得格外注意自己的心脏。

褚　一般情况下，医生是不是比普通人更多关注自己的身体？

蒋　有的医生很注意，有的医生也很糊涂。

褚　糊涂是指？

蒋　不在乎。医生是给人家看病的，但对自己不见得那么认真。

褚　那么您是哪一种？

蒋　我觉得我是不大在乎的。

褚　为什么？

蒋　感觉很重要。没有什么不舒服感，不要多做检查。

褚　您感觉身体不舒服会发信号给您？

蒋　对（笑）。不要没病找病，有情况身体会告诉你。没病去做各种检查，不是没事找事吗？像我们这个年龄，你要是去做各种检查，一定会查出各种问题。查出问题来，又能怎样呢？比如高血压，量一下就知道了，那就吃点药；血脂高，体检时也会发现。你说冠状动脉有无硬化、脑动脉有无硬化，这个判断就不那么准了，需要做造影检查——什么症状都没有，你去做造影干什么呢？比如说肿瘤，现在有一套标志物检查，但这项检查也未必那么可靠。每年做一次常规健康体检是必要的。

褚 就是说，我们还是要以淡然的心态来看待健康问题。

蒋 对。

神秘的电生理王国

- "中国人可能受传统医学的影响比较深,一般不愿意做有创伤性的检查。因此,即使能开展此项检查,也不易普及。还有,刚开始做此项检查,医生也不一定很有底气,心电生理检查对患者有多大得益、多大风险,医生给患者交代时可能会偏于保守,这些因素都加大了开展电生理检查的难度。"

- "任何药物其实都具有两面性,一是有效性,二是毒副作用,二者总是相伴并存。因此,药物治疗能否获益不仅取决于药物,还取决于医生。用药是内科医生的基本功,同一种药物在有的医生手上用得很好,充分发挥了疗效;而在有的医生手上,却尽显毒副作用。"

- "一个学科的发展总要依赖其他学科的发展,互相依靠,互相促进,互相借鉴。单科独进很少见。心律失常诊疗技术的发展,也要借鉴周边学科的发展。有了心电图,才能正确诊断各种不同的心律失常;有了心电生理检查,才了解了不同心律失常的发病机制,才有了生物工程需求,开发了人工心脏起搏治疗和射频消融治疗技术。"

- "药物过度使用会走向反面,人工起搏和消融介入治疗过度使用同样会走向反面。这些都是现在需要思考的问题。任何药物或治疗措施都有它的强适应证、边缘适应证和禁忌证,扩大它的应用范围多存在着危险因素。"

- "医学的发展有一些偶然性。这个偶然,很有可能就在眼前,但是也有可能你不认识,没有开窍。很多事情,随处可见,我们视而不见。有人可能会抓住某个灵感,得到很大的启示。我觉得这已经不是我们这一代人的任务了。这个任务,寄希望于未来的一代年轻人。"

心电学会场上的热烈讨论

褚 您上周（2017年7月初）去北京参加了第十八届中国心律学大会，这个会议每年都去吗？您在会上参与了哪些课题的讨论？

蒋 这个学会成立于1981年12月，最早叫"中国心脏起搏工程技术委员会"，1993年改名为"中国心脏起搏与电生理学会"，再后来称"中国心律学会"。三十六年换了三个名字，标志着这个学会的专业和它所包含的内容逐步在进步、发展，与国际同步。每年开一次会，都有新课题和主题思想。基本上我每年都去。

我主持了三场专题会议：一个是药物治疗的分会场，一个是遗传性心律失常的分会场，还有一个是关于猝死问题的分会场。这次我在会上也做了一个报告。刚刚在手机上看到好像有人已经把我的报告内容发到网上去了，是关于心律失常的药物治疗问题。

褚 每年都去，更容易感受到这个领域的发展轨迹。今年的大会主题好像是"心随律动，安全倍增"？

蒋 是的。现在的问题是，治疗在发展，但是治疗风险也在增加，因为这都是双面的。有可以把病人治好的一面，新的治疗技术面世，病人的治疗效果得到改善；但也有带来新的治疗风险的一面。要在确保病人安全的状态下治疗病人，所以今年主题的后半句是"安全倍增"，是希望把治疗病人引起的并发症降低百分之五十。这也意味着，现在的治疗还有一定的风险。今后的重点是既要治疗病人，又要确保病人安全。

褚 心律失常治疗上的安全问题一直比较突出，还是现在更加明显？

蒋 一个是治疗的病人越来越多，越来越深入，所以遇到的意外事情也会越来越多。过去治疗一百个病人，可能有一个人会出现问题，但是现在病人数增加了，即

1986年，蒋文平与同道在九寨沟合影。

使事故发生率仍为1%，但事故总人数增加了，这个影响就比较大了。所以治得越多，问题越多。当然，如果不治疗，疾病依旧，风险仍存，所以治疗仍要进行。今年重点提出，安全性一定要做好，希望以后不良反应事件发生率能降低一半，那就是"安全倍增"。

褚 前几年关注的是什么？

蒋 每年有每年的内容，但都在心律失常的范围之内。既有跟随国际潮流的主题内容，也有针对国内发展的主题内容。要了解我国心律学年会的主题，就要查查历年的会议记录。

　　会议中，各分会场的论文报告都是报告者各自近年来的研究总结，供与会者了解国内现在的科研状态和前沿。也有国外的一些专家来发言，谈他们的经验以及治疗的病例。还有在国内各个大医院治疗的病例，会场上有实况转播，可以供全国的同道学习。这次会议期间，上海中山医院、北京阜外医院和安贞医院、江苏省人民医院和广东省人民医院都在大会上转播了他们的手术实况。最近十来年，每年都有这样的手术直播，非常直观。直播结束后，与会者可以提问，乃至与手术者交流。

褚 可以在手术过程中当场提意见，乃至改变手术程序吗？

蒋 可以的。

褚 那也是一种非常新颖的手术方式了。

蒋 学术上的问题都是开放的。你有不同的想法，可以直接与对方交流。大家都可以说。

褚 参加这次会议，有没有什么新动向进入您的视野当中？

蒋 新的东西确实不少，但要成为一件成熟的东西，可能还要观望。治疗了几个新的病例，可以在会上介绍，或者发表论文。但是新的技术能不能推广，往往要经过若干年的应用观察之后才能确定。

褚 我最近也看了很多关于心电技术发展的资料。如您所说，很多医疗技术在最先被发现的时候往往是伴随着很多质疑的。因为科学是很严谨的，需要通过许多实践来证明它，包括最早的心电图是由一个德国医生在非常偶然的情况下发现的。您从事电生理研究，最初是不是也有一些自我质疑，然后去探索？

蒋 心电的问题，首先就是说，心脏活动有电流产生，这应用到临床，作为一项新的技术，首先是观念的改变、理念的改变，然后才有技术的发展，最后应用到临床。整个过程都是一个创新的过程。像这种是不多的。心电学的发展经历了近百年几代人的努力，才得以成熟并应用于临床，而且现在还在发展，每年都有新的内容，因此它是很有生命力的一个学科。像这样的心电学会议，每年会场上都会有热烈的讨论。

治疗心律失常的需要

褚 三十多年前,您想到通过食管刺激心脏,也是一个很具有开创性的办法。当时进行电生理学研究,是临床上的现实需要吗?

蒋 是的。临床上有很多心律失常病人需要治疗。在当时,临床心电生理已经是解决心律失常的有效措施,因此必须开展此项工作。

褚 心律失常,据说是心血管疾病领域的一个棘手问题。

蒋 心律失常实际不能算一个单独的病,它仅是心脏病的一个表现。各类心脏病都可以出现心律失常。心律失常是一个总的名称,比如说,最简单的心律失常是早搏。早搏人人都有,就是心脏跳着跳着"咯噔"一下,然后又正常了。这是最简单、最普通的,当然也有最严重的。有些人什么征兆都没有,突然就死了——猝死。所以,轻至早搏(期前收缩),重至猝死,中间还有各种各样的心律失常,有的要命,有的不要命,但是可能让人很不舒服,有的又可能出现并发症,比如房颤,心脏极不规律地乱跳,它可能不致命,但是时间长了,也可能会造成血栓。凝血块如果随血循环到大脑,可能会造成偏瘫。所以,各种心脏病引起的心律失常、心力衰竭是心脏病病人的最后结局。

褚 电生理是不是很神秘?

蒋 关于心脏,要研究的问题很多,电生理是其中的一部分。心脏病各个分支学科都各有难点。但是电生理涉及的基础问题比较多,涉及一些电的问题、生理学的问题、临床的问题。另外,研究电生理需要有很好的推理能力,因为它不是一个形态,不是一个具体形象。搞一个具体形象的问题,比如做个切片,可以看到病理变化,但是电生理现象既看不见,也摸不着。你要根据图像来分析,要进行思考、推理,并做出合理的诊断。再经过治疗实践,把心律失常纠正了,才说明这个诊断是正确的。

电生理吸引了不少研究者。但也有不少人觉得这个东西不好掌握,感到头疼,也学不会。其实只要钻进去了,都能学会。

褚 您好像说过,每个心内科医生都应该掌握电生理知识。这是为了诊断和治疗疾病吗?

蒋 对。心内科是一个比较大的科。要做好一个心内科医生,必须掌握很多外围知识。外围知识中,心电学是必须具备的基础知识。心电学包括两部分,即心电图和心电生理。每个心内科医生都必须懂心电图,必须能识别不同的心律失常。要弄懂心电图,弄清楚心律失常的发生,必须了解心电生理知识。因此,心电生理是心内科医生必须具备的知识。

褚 那作为心内科专家,也要各项都精通吗?

蒋 那倒不一定。做一个心内科专家,首先要成为心内科医生,而成为心内科医生的基本要求是内科医生——那就是说,心内科医生要有广博的内科学基础知识。其实,其他专科医生也都需要内科学基础知识,有了内科学基础才能成为内科学中某一方面的专科医生。成为心内科专科医生后,再造就心内科某个专业方向的专家。如果已是心内科某专业领域内的顶级专家,那就不一定要在多个领域内都是顶级专家,那是不容易做到的。例如,你是高血压病专家,又是冠心病专家,还是心电生理学专家,这不大可能。因为一个人的精力实在有限,在学术领域内任何专业方向都是深不见底的,在某一领域内已是专家,在相邻的领域就不一定很精通。

褚 原来心内科医生还要会看心电图。

蒋 对。会听诊心脏,会看心电图,要懂超声心动图,会看心血管造影的片子等,这些都是心内科医生的基本功。

褚 但是电生理可能就不是基础了。

蒋 对。电生理已经是很细的分支了。但心律失常专业医生必须精通电生理。

褚 您在70年代开展的电生理研究,与50年代在匈牙利接触到的电生理知识相比,已经不太一样了吧?

蒋 差别太大了。50年代的心电技术基本还处于心电图技术水平,那个时候心电图技术都还不普及,心内科医生还不都会看心电图,现在心电图技术已经是心内科住院医师的基本功了。往往一项技术还没被掌握的时候,人们会觉得它很深奥。

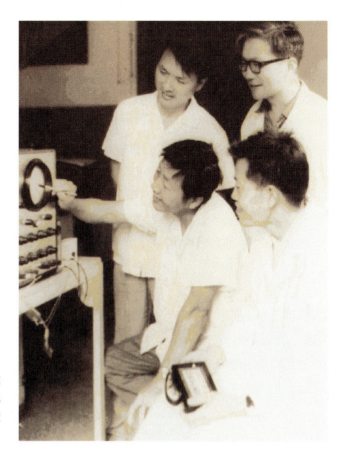

20世纪70年代,他们将盒式录音机改装成动态心电图记录仪,在示波仪上回放心电图。

然而,我们一旦掌握了心电生理技术,就会有一种豁然开朗的感悟:原来不过如此。从50年代到70年代,心电图技术完成了普及应用。50年代初,在我国有心电图机的医院还只有几家,会看心电图的医生更不多。到了70年代,心内科医生都必须会看心电图。之后,还有比心电图更深奥的东西出来了,那就是电生理。这项技术就不要求每个心内科医生都深入了解。但目前已有不少心内科医生会看电生理图,也会分析它了。

当前又有新的内容要学习,那就是细胞电生理、心肌分子生物学——比临床电生理学更进一步。这些对我来说就陌生了,必须再学习。学无止境。

褚　听说当年您用两年的时间看了十年的文献资料。

蒋　"文革"时期大家都看"红宝书",没人去看技术方面的书。国外期刊也停止订阅了,新版书也不进了。那十年,人家在往前发展,正是国外科学飞速发展的年代。当时的心电已经不只停留在心电图水平,而是进入了电生理领域。我们开展这项工作,不仅是方法学的问题,而且需要复习人家十年来所做的工作,那只有认真地读书。知己知彼,百战不殆。

褚 当时要开展心电生理研究,难度在哪里?

蒋 20世纪七八十年代,在我国要做电生理检查确是难事。当时没有设备,没有专业人员,不知如何着手开展工作。标准的电生理检查是需要做心脏插管的,一根导管还不够,至少要将四根导管插入心脏,用电刺激心脏,在心脏不同的位置放电极,然后做记录,诱发心律失常,或者在心律失常发病的时候直接做。这样才能弄清楚心律失常的性质,在70年代左右,国外已经开展电生理检查了,到80年代,这项检查技术已经成熟。但这项检查需要有相应的设备,首先要有C臂X光机,另外还要有电生理记录仪,要求同步记录心脏不同部位的电位。这件事情在当时还有难度,不光我们一家医院有难度。难度在于资金不足以及缺乏专业人员。另外,它属创伤性检查,病人不一定能接受。还有,电生理检查有一定风险,检查中万一发生意外,医生是难以承担的,而且当时的领导也不十分支持此类检查。所以,要开展此项工作有相当大的难度。

如果引进国外的技术,我们可以少走弯路。在前人的基础上,我们就跳过了摸索的阶段,直接模仿,拿来就用。但在当时的环境条件下是难以做到的,有以下几个方面的原因:第一,需要引进设备,当时没有那么多的外汇投入;第二,要派出医生进行专项进修,或者邀请外国专家来国内传授技术,这在那个年代也不易做到;第三,即使那个时候有设备、有专业队伍,医生还是不敢在病人心脏内插入多根导管,还有做多种方式的心脏刺激时万一发生意外,怎么办?因为"文革"结束没几年,"臭老九"的日子还记忆犹新,谁敢冒风险做电生理检查?第四,中国人可能受传统医学的影响比较深,通常不愿意做有创伤性的检查。因此,即使能开展此项检查,也不易普及。还有,刚开始做此项检查,医生也不一定很有底气,心电生理检查对患者有多大得益、多大风险,医生给患者交代时可能会偏保守,这些因素都加大了开展电生理检查的难度。

褚 当时的环境和条件都有限制,那你们是如何起步的呢?

蒋 我当时说,外国是在先进的技术条件下起步的,我们是不是可以走点自己的路,简化一点,逐步往前发展?不能一步到位,那有什么别的办法?又从哪里起步?

我们想到,在心脏起搏治疗的发展历史中,曾试用过经食管起搏心脏,因刺激性太强,病人承受不了刺激所引起的疼痛而放弃;但它可起搏心脏,是否可用于心电生理检查,做心脏刺激用?我们现在是做电生理检查,是短时起搏心脏,病人是否能接受?而且这种检查是无创伤的,优于血管插管的有创性心电生理检查。

我们用的是体表心电图记录,包括食管心电图记录。采用这种方法,是否也可达到电生理检查的目的?有这个设想,但要实现,也是很难的。怎么实现呢?送个电极进食管,有现成的电极导管,但刺激仪呢?这个刺激是要有一定程序的刺激方式,是能满足电生理检查需要的刺激方式。这个刺激一定要符合规范,这项规范到80年代基本都通用了。

这个仪器,我们想想还是可以做到的,于是联系了上海复旦大学电子工程系的方祖祥老师,请他们帮助一起完成。当时复旦大学已有体外携带的起搏器,起搏器可以佩戴在体外。70年代初,体外携带式起搏器已用于病人——我们提出,把这个体外起搏器的刺激电压升高,经过试验可以起搏心房。于是他们就为我们设计并生产了这一款程序刺激仪。所谓程序,就是按照一定模式来刺激。最初我们在一个医生的身上试,经测试符合电生理检查的要求。

褚 那是一位健康的试验者?

蒋 是啊。我所说的这个人,就是我们医院的医生王立志。

褚 他为什么敢于接受这样的试验?

蒋 不在病人身上试,那就在医生自己身上试,这是经常有的。试验的初探者往往在自己身上试。

有了心脏程序刺激仪,配合体表心电图记录,我们首先用于窦房结功能研究,把窦房结电生理参数与药物实验对比,评估窦房结功能,相互核实各自诊断指标的可靠性,确定了病窦综合征的诊断标准。论文发表在《中华内科杂志》1982年第21卷。这篇论文我们等了两年才投稿,在两年的试验观察中发现可行,证明有效、安全,才投稿。论文发表后,立即引起了同行业界的高度重视。不久我们又发表了《经食管心房调搏旁道电生理研究》(《中华心血管病杂志》1983年第11卷)和《房室结双径路电生理研究》(《江苏医药》1983年第7期),奠定了经食管心脏刺激的临床电生理研究价值,经食管心房刺激还能有效地及时停止旁道折返

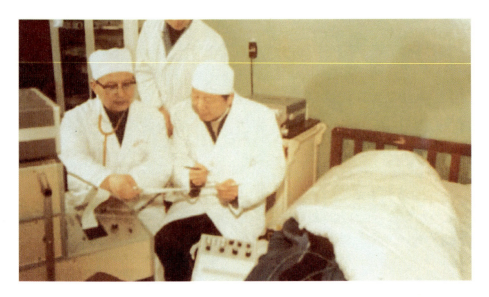

20世纪80年代，蒋文平在做经食管电生理检查。

（AVRT）和房室结双径折返（AVNRT）的阵发性室上性心动过速。从此，我国开创了无创性心脏电生理检查技术，这项技术于1991年获卫生部科技进步奖二等奖，心脏程序刺激仪获国家自然科学进步奖三等奖。

褚 这些技术都是当时急需的吗？

蒋 是的。经食管电生理检查方法由于简便、无创，病人愿意接受，引起了国内的广泛关注，由此举办了多次全国性的培训班。从1979年到1983年，不过几年时间，这些知识很快在全国普及。普及了什么呢？普及了电生理检查的知识，如电生理检查方法可以用在哪些场合，哪些心律失常可以用它解决。不只在大医院应用，基层医院也能应用，不仅节约了不少外汇，还自制了心脏程序刺激仪，为普及心电生理检查创造了条件。因此，一大批电生理医生也成长起来了。国外开展电生理检查从起步到成熟，经历了二十多年的时间，而我们用了两三年就赶上了，并能在县医院普及。

褚 这是一项诊断技术，也是一种治疗方法？

蒋 主要是诊断技术。但是也可以用于治疗，如终止阵发性室上性心动过速。发病的时候，可以发一个电脉冲或一串脉冲就能终止室上性心动过速。

褚 需要插导管吗？

蒋 不需要心脏插管,只要从鼻腔里插一根电极到食管就够了,所以也称经食管刺激心脏电生理检查。

褚 病人做食管电生理检查需要禁食吗?

蒋 不需要。随时来了就可以做,也不需要麻醉,半个小时就可以结束。所以,这项技术很快就得到了普及,大家都很感兴趣。

褚 有国外来学习的吗?

蒋 当时,国外已普遍开展的是有创性电生理检查,已无必要重复走老路。

褚 我们做尝试,有疼痛感吗?

蒋 有疼痛感,但可忍受。这种方法是无创的,既安全又实用,而且少花钱达到同样的目的,何乐而不为呢?如果没有这个办法,走国外的路,根本不知猴年马月才

经食管电生理检查的心电分析。

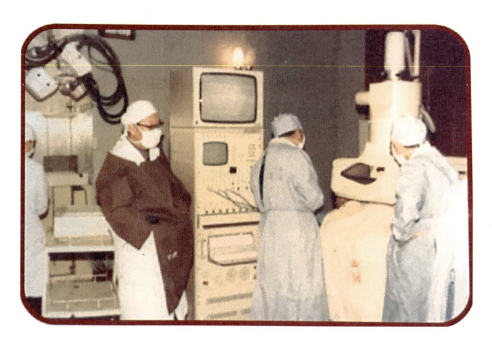

20世纪80年代，蒋文平在为病人做心脏插管腔内电生理检查。

可普及。所以，我们国家电生理事业的起步，是走自己的道路，适合我国国情。

褚 在当时的时代背景下，这种方法是最完美的。

蒋 是最简单的。不能说完美，但还行之有效。

褚 它的准确率可以达到百分之百?

蒋 对常见的室性心律失常还做不到，对复杂的室性心律失常就更有难度，但是总比没有好。

褚 这在当时可算是一种完美的检查?

蒋 经食管心脏程序刺激无创电生理技术在我国经历了三十余年的发展，经国内同行的开发革新，现在这项技术比过去有了很大的改进。首先实现了刺激、记录、存档一体化，心脏刺激过程心电记录由计算机硬盘储存，保存了患者检查过程中的全部心电资料，也实现了经食管刺激的同时清晰记录食管心电图的目的。同时改进了食管电极，显著降低了刺激电压（10～12伏），消除了食管刺激疼痛感，这些进步都反映在许原教授编著的《无创性心脏电生理诊疗技术》一书中。因此，现在如果不做心电介入治疗，单为诊断心律失常，可先做食管心电生理检查筛查。

当然，经食管刺激心电生理检查方法也有不足之处。它不能满足室性心律失常的电生理检查需求，也不能实现介入治疗要求的心内标测，对复杂心律失常发病的电生理分析也有难度。因此，无创心电生理检查与有创心电检查是互补的，而不是相互替代的。要深入研究心电生理，尤其室性心律失常和介入治疗，还必须建立有创性电生理检查，所以在1983年，我们很快就投入有创性电生理检查研究的筹建中。当时穷则思变。"无创"是我们国家电生理技术发展的一个阶段，补上了那段时间的一个空缺，还普及了知识，培养了人才。电生理检查的最终目的是满足介入性治疗的需要，所以心脏插管技术的规范性还是不可缺少的。

褚 回到经典路子，研制有创心电生理检查的时候，还有设备等条件的制约吗？

蒋 这是一个逐步改善的过程。到90年代初，研究也越做越深了，单纯的食管电生理检查已不能满足需要了，改进医疗设备已提到日程，那时我国已开展介入治疗，从此设备就逐年改进。

在我们医院改进设备之前，还走过一段艰苦的道路，我们不能坐等设备。开展有创性电生理检查碰到的难题是缺乏多导记录仪，因为它需要心腔内多点记录局部电位。标准的心电生理检查，心腔内至少有一个电极导管做心脏刺激起搏用；一个右房电极导管，用于记录右房上部电图；在房室交界区放置一个电极导管，记录希氏束电图；在冠状窦放置一个多极导管，记录左房电位；右心室还有一个电极导管，记录右室电图。因此，要有一个同步记录的多导生理记录仪。当时国内厂家还不能生产多导生理记录仪，在一般医院它也不是常备的医疗设备。我们医院虽然是医学院的附属医院，但也未配备生理记录仪。

褚 多导生理记录仪的问题是怎么解决的？

蒋 当时既无设备，又无资金，只能自己动手创建，把通用示波器改成心电监护仪，把地震记录仪改成多导心电记录仪，采用的是光敏记录（实际上是多导弦线电流计）。经动物实验证明，它能达到多导生理记录仪的要求，所以当时的多导生理记录仪也是由我们自己装配的。接着做室性心律失常的电生理检查，完成了希浦系折返和希浦系折返性心动过速及心肌梗死后期和心肌病室性心动过速的电生理研究，获1993年核工业部部级科技进步奖。我们还研究了心室内折返、心室内触发后电位诱导的室性心动过速电生理机制，获1994年卫生部科技进步奖三等奖。到80年代末90年代初，完成了国家课题《冠心病心源性猝死的研究》，其间在我国首次完成了2例自动复律除颤器植入手术，这在当时我国心电生理研究领域起了带头作用。可见在临床电生理研究上，我们走过的历程是艰苦的，体现了"穷则思变""没有做不到，只有想不到"的精神，这种精神也带动了一大批医院的临床心电生理研究工作的开展。

在推进室性心律失常电生理研究的同时，我们已经意识到心电生理研究发展必然进入细胞电生理。所以，在20世纪90年代初，我们又筹建了细胞电生理实验室，建立了心肌细胞分离、培养技术及膜片钳技术，完成了《缺血心肌代谢产物对膜离子通道功能的影响》《膜受体对通道调控的影响》《体液、生长抑素和抗心律失常药物对膜离子通道的影响》等课题。结果《膜通道技术与应用》项目获1996年卫生部科技进步奖三等奖。

20世纪90年代初，我们开展了膜片钳电生理研究，我的几个博士研究生开始接手这项研究工作。所以说，我们在90年代就已经开始做细胞电生理研究工作，那几年的几批研究生毕业后都去国外从事细胞电生理研究工作了，现在都已经成才，成为各实验室的课题负责人。

褚 膜片钳要解决什么问题？

蒋 之前经由食管的技术属于临床电生理技术，研究的是整体心脏的跳动。膜片钳是研究细胞电生理的一种方法，采用这种方法可以研究细胞膜上通道的活性。

其实就是说，用这个办法，到这个领域，已经离临床有点远了。再往前走，那就是要开辟另一个天地了。那是分子电生理学、蛋白的表达、通道的结构研究，这些研究工作已经不是临床医生所做的，完全是基础研究了，我的研究生后来大多从事该领域的研究。

褚 我们所做的科研还是与临床密切相关的课题。

蒋 现在在做的一些分子生物学研究，还与心律失常有关。临床研究要解决的是诊断病人、治疗病人以及与诊断病人有关的一些发病机制，再进一步深入研究。我的知识结构已经不足了，我的研究生已经走在我的前面了。

褚 当时做膜片研究是在90年代，应该是您年富力强的时候，您有没有觉得意犹未尽？

蒋 我们实验室的水平已经不能满足研究的需求了，要重建实验室。我们之前有一个心血管实验室，在苏州医学院。到2000年左右，我已经快七十岁了。我的学生都已经成熟，都独立搞研究了。搞基础研究的学生都到国外去了，留下来的毕业后都从事临床工作，偏重于心律失常的介入治疗，他们中现在已经没有再做心律失常基础研究的了。

后来我们又做了体外除颤器试验，也是同复旦大学合作的。他们研制体外除颤器心律失常识别，我们做动物实验识别除颤自动放电，验证复律的可靠性，为开发自动体外除颤器（AED）做准备。

褚 现在这个机器还在做吗？

蒋 心脏程序刺激仪由苏州东方电子仪器厂生产至今，当然他们做了不少改进。AED由苏州久心医疗电子仪器公司在开发生产，不久可供临床应用。

褚 现在还做经食管起搏电生理检查吗？

蒋 现在的心脏程序刺激仪既可用于经食管刺激起搏心房，又可经导管做心腔内刺激，配合心脏介入治疗，还可用于经食管起搏终止阵发性室上性心动过速。所以在医院分级管理中，把经食管心脏起搏电生理检查列为核定三级甲等医院的必要条件。

褚 如果不需要做介入治疗呢？

蒋 那做个经食管电生理检查就可以了。这是一个普及型的诊断工具，在基层医院也可以做。经食管电生理检查在门诊就可以做，经食管电生理检查可初步筛选一些复杂的心律失常，或筛选一些须做介入治疗的病例。

褚 为什么？

蒋 因为经食管心脏刺激做心脏电生理检查是无创性的，方法简单，容易掌握，而且实用，所以后来在县医院得到普及。为了适应全国的需求，我们开设了多次全国性学习班，普及该检查方法。如果经食管心脏刺激能诱发室上性心动过速或者能终止室上性心动过速发作，那就提示此类病例应做介入性电生理检查和治疗，此类心律失常可以根治。

褚 也是在跌跌撞撞中一步步探索，一点点走远的。

蒋 我觉得做科研，就需要这点精神。

褚 现在还有这样的创新吗？

蒋 创新总归还是有的，在不同的时代，有不同的做法。做事，总是要与时俱进。现在新时代要想新办法。再要土法上马，就不符合时代精神了。我们现在乘高铁四五个小时就可以到北京，那就不必去乘动车了。所以，现在的人就应该走现在的路，回头走老路是没有出路的。但是，现在的情况是可能缺乏一点艰苦创业的精神。

褚　吃苦的精神还是需要的。

蒋　但是吃苦的程度不同。现在虽然有现代化的设备，但是如果要做事情，还是应安下心来，耐得住寂寞，不东张西望，不贪恋金钱。这个也是需要毅力的。在这个花花世界，看花了眼，很容易迷失方向。

褚　虽然时代不同了，但总有一些不随时代改变的东西。

蒋　过去要有奉献精神，今后也还要有奉献精神。首先是时间的奉献。要做成一件事情，需要耗费很多时间。其次要耐得住寂寞，静得下心。满脑子都是其他东西，怎么想得出问题来呢？

褚　今天依然需要这样的人。

蒋　是这样的。现在的人比过去的我们聪明多了，所以才有国家科技的飞跃发展。

　　搞研究也需要一定的基础、一定的实力。首先要把基础打扎实，努力丰富外围知识，这些都不是容易的事情。你要牺牲自己很多东西，还不能这个山头望着那个山头高。你宁可虔诚地坐在桌子前，静静地想问题，尤其是想不明白的问题。

褚　听说您放弃了特需病区优越的办公环境。

蒋　我不认为那是个好地方。人来人往太多了，门外的谈话，屋里都能听到，好在哪儿呀？

褚　可是现在这个地方也很吵。

蒋　我已经习惯了，有感情了。这是个老房子，也适合老年人。

中国最早的两台自动复律除颤器

褚　后来您又开始做心源性猝死的研究。

蒋　这是80年代中期中标的一个国家自然科学基金课题。猝死是心律失常的一个表现。要解决猝死，就要解决心律失常。

褚　猝死在发生之前很隐匿，不容易被发现。

蒋　所以，要预先判断出一个人有没有猝死的可能性，然后看有没有可能性对其进行防治，能不能预防——所以这是一个国家课题。大概是1985年、1986年、1987年这几年的课题，比较早了。

褚　研究成果是怎样的？

蒋　我们的研究成果都是以论文形式发表的。一项研究不太可能在短期内见到效果，都要观察远期效果。我们发现的这个经食管电生理检查在几年之内就取得了成果，这是不多见的，一生中碰不到几次。猝死最常见的病因是缺血性心脏病，我们在模拟心肌缺血的动物实验中，研究室性心律失常，复制了"8"字形折返，当时在国内还是最早的研究，也研究了心室晚电位。在1991年，植入2例埋藏式自动复律除颤器(AICD)预防猝死，这在国内是首次。

褚　是不是可以理解为，这个课题到现在还没有得出最终结论？

蒋　是的。这个课题也许要几代人才能完成，我们用三年的时间，仅探索了心室晚电位在预警猝死上是否有价值，时间太短也得不出什么结果。植入了2例AICD，以预防猝死。

褚　前面您也讲过，进行电生理研究，是为了更好地研究心律失常。

蒋　对的。但是现在解决得满意不满意呢？比以前有进步，已经解决了不少问题，但是发现的问题比解决的问题还要多。比如猝死的问题仅解决了一部分，还未从根本上解决,还不能预测或预报猝死。举一个不恰当的例子,现在预报猝死好似预报地震,基本不可信,远不及无氧预报准确。因此,对猝死高危者只能植入AICD。

褚　如何理解"从根本上解决"?

蒋　就是根本不发生猝死。就是说要想办法预防,应设法控制发生猝死的基质。

　　我们现在应用的除颤器,一种是在医院里用的,医院里很多科室都有。病人如果在医院发生猝死,要设法紧急应用除颤器除颤。如果在十分钟内使用,病人的生命尚可被抢救回来;但如果超过十分钟,存活的可能性就很小了。

　　还有一种是埋藏式的。高危者或者曾经发生过猝死的存活者,这种病人就应该在体内埋藏一个除颤器。过去这个机器有500克重,现在可能只有60克,比手机还小。这个机器被装在体内,无时无刻不在监护着心脏。一旦病人出现猝死,它在20秒后就能识别并充电,处于待命状态,再等10秒钟确认,它就启动放电了。

褚　它在体内是如何完成充电的?

蒋　机器里装有电池,所以它的使用是有年限的。在30秒内放电,这个病人一定能被救活。这就是埋藏式除颤器的优势。

褚　这种机器可以普及吗?

蒋　现在已经普及了。一个病人是不是猝死高危者,医生可以判断。如果病人猝死发生概率很高,可以提前在病人体内植入一个AICD。这种做法就是猝死的一级预防。

1994年,蒋文平参加心脏起搏器鉴定会。

褚 但是很多新闻里,猝死都是突然发生的。

蒋 所以要预先判断一个病人有没有发生猝死的可能性,得进行评分。对有发生猝死可能性的病人,我们会建议他提前植入AICD。但也有植入AICD后从未使用过的,还有发生不适当放电等其他并发症的。另外,这种机器的价格也比较高。这些因素都限制了它的使用。

褚 植入机器需要做开胸手术吗?

蒋 不需要。只要从血管里送进电极,机器被埋在锁骨下方皮下。这个技术现在很普遍,不是什么大问题。机器可以用五六年乃至七八年。到了年限,把旧机器取出,更换一个新的进去。当然如果使用频率很高,耗电量很大,就用不到规定的年限。

褚 现在有哪些人群需要植入自动复律除颤器?

蒋 冠心病、心肌梗死、心功能不全者居多;还有一些遗传性心律失常,有猝死家族史者;也有某些心肌病患者等。

褚 它能在多大程度上阻止猝死的发生?

蒋 它不能阻止心律失常的发作,但一旦室颤发作,它可以通过及时放电来终止这种危及生命的心律失常。因此,它是预防猝死的一种有效措施。我国现在每年有上千台机器的使用量,但我国人口多,实际需要装的人远高于这个数字。

现在适合装的病人不少,但是实际上接受此类治疗的还是极少数。这个听起来好像很理想的一种治疗方法,在实际运用中的问题还很多。所以不是那么简单的。主要是有误放电造成不良反应的。此外,机器在体内处于工作状态要耗电,定期要更换机器。还有其他的一些问题。

褚 误放电是副作用吗?

蒋 在人体清醒的状态下,它如果被错误的信号触发放电,那病人是受不了的,会造成病人心理上极大的负担。正确的放电是在心脏已经停跳后的20秒以上才发生的,那时病人的意识已经丧失,一点感觉都没有。但如果是在人体清醒状态下误放电,就好像被雷电击了一样,人怎么受得了呢?误放电还会诱发室颤,但它也会第二次除颤纠正。

褚 误放电会有生命危险吗?

蒋 那倒没有,但是病人会受不了。假如误放一次、误放两次,这个病人就会无端紧张,心理压力很大。

褚 这属于技术上的缺陷?

蒋　不完全是。有的经程控调整机器的工作参数，可以解决。现在的机器比以前的要好。现在生产的AICD基本能做到不误判，误放电的发生概率已经明显减小。

褚　这两位接受植入的病人大致是什么情况？

蒋　我国于1991年开展此项工作，最早的两例是在我们医院植入的。第一例是男性病人，50多岁，陈旧性心肌梗死后频发室性心动过速，有晕厥史，于1991年3月植入一台AICD。同年6月我们植入了第二例，这是一位30岁左右的男性患者，患有扩张型心肌病，有室性心动过速致晕厥史，也接受了AICD治疗，植入的是80年代的产品（美国CPI公司）。当时这类产品在美国已有十年的应用史，机器重500克左右，放置在腹部皮下，电极须开胸置入心外膜。当时设备都由CPI公司提供，机器使用寿命为四年左右。植入后，第一例患者使用过两次（放电），第二例患者使用过一次，均未更换过。现在这两位病人都已经不在人世了。

褚　现在这种机器应该已经逐步成熟了吧？

蒋　我国自1991年开始应用植入式自动复律除颤器至今已有26年了，现在是经静脉放置除颤电极，技术已有改进，机器也小型化，埋入锁骨下皮下，机器使用寿命有七八年。我国的年植入量达千台以上，但与病人实际需要相比，少之又少，因此普及量还不够。其原因是多方面的，一是目前尚无国产产品，二是价格太高，这也是普及应用的一大障碍。

心脏介入治疗

褚　介入手术最早也是为了心脏病的治疗而开展的吗?

蒋　是的。现在多种心脏病都可做介入治疗。除心律失常的介入治疗外,冠状动脉的介入手术现在是冠心病治疗的主要方法。此外,对瓣膜病、先天性心脏病等都可进行介入治疗,创伤小,效果好。

褚　我们医院是先有介入科,还是心内科先开展介入治疗的?

蒋　心内科先开展介入治疗。现在介入治疗的范围很广,很多科室都有介入治疗,有些微创手术也是一种介入治疗方法。

褚　我们医院的介入治疗也是在您手上开始做的吗? 最早是什么时候?

蒋　1987年,我们报告了用直流电消融房室交界区的方法来治疗一例阵发性室上性心动过速。这是无奈之举。结果病人不再发生阵发性室上性心动过速,但造成了房室传导阻滞。此类介入治疗后来再也没有做过。

褚　现在介入治疗已经进入了很多领域?

蒋　现在做介入治疗研究的人已经很多,但在这个领域里要有所创新,就比较难了。现在主要是增加数量,做100例与做1 000例冠状动脉造影术,其学术价值是一样的,但技术上还是有不断的改进。

褚　我们当时做第一例是一个怎样的契机?

蒋　设法治疗病人,如最早的两例猝死病人,当时国外已有此类治疗措施,那就引进这种技术,开始在我国应用。

　　最先做的冠状动脉扩张术,这在我国也是首次。1983年,我们对两例病人实施了冠状动脉扩张术。一例病人是中国银行的领导,他患有心绞痛,这是第一例,1931年生人,当时已经52岁。第二例是我们医学院的党委书记。这两例手术都很成功,第一例病人至今还活着,已经87岁,并在术后35年做过冠脉造影复查,冠脉通畅良好。这两例手术虽然是在美国友人的协助下完成的,但终究是在我们国土上完成的开端性工作。当时做这两例冠状动脉扩张术前,我院已有做冠状动脉造影检查的经验,也开展了冠状动脉搭桥手术。

褚 这样的手术要做多久?

蒋 从术前准备到完成经皮左前降支球囊扩张,大约两小时。

褚 现在支架还在里面吗?

蒋 当时没放支架,只做了扩张术。扩张以后,冠状动脉通了,就算成功了。因为当时还没有支架技术。

褚 这两个病例预后如何?

蒋 第一例在术后35年回来复查过,扩张的冠状动脉还是通的。第二例病人现在已经不在人世了,但他是死于脑瘤,而非冠心病。

褚 在这两例之后,国内开展此项工作了吗?

蒋 1985年,西安军医大学和国内其他医院也开展了此项工作。

褚 如今冠脉介入手术已是炙手可热。

蒋 应该是在2000年之后。现在我院每年做冠状动脉造影检查800多例,支架置入也有三四百例,消融术有上千例。这是我们心内科的情况。我们已有自己的导管室。

褚 为什么2000年以后介入手术会如雨后春笋般涌现?

蒋 因为介入手术的技术成熟了,设备也先进了,治疗效果显著、安全,很快被医患双方接受。

褚 介入治疗以后还会继续往前发展吗?

蒋 还会有发展,设备还在不断地改进,适应证在扩大,现今已有不少外科手术被介入或微创手术替代。瓣膜、人工瓣膜、先天性心脏病现在也都用介入技术做了。当然,心脏和大血管手术也在不断地发展,不少接受介入治疗的病例还需要外科医生做保障。

褚 真的会不再需要外科?

蒋 这是不可能的。

褚 那么,微创会是一个历史阶段性的产物吗?

蒋 在疾病的早期,比如说肺癌,如果是很小的一个病灶,通过微创手术解决,术后两三天就恢复了。今后设备、器械、操作会进一步改进发展,手术成功率提升,但它不会替代规范的手术治疗。

褚 以后医学会慢慢发展到不需要手术吗?

蒋 我想不会,这是分工的不同。什么样的病,病到什么阶段,适合手术治疗还是微创手术,以后会有明确的分界。但是原来外科手术做的一部分病例,现在可以改做微创手术了。例如,早期肺癌、胃癌都可以做微创手术。

褚 我们医院的心脏外科是什么时候成立的?

蒋 早呢!20世纪50年代就有了。

褚 心内科与心外科如何分工?

蒋 心内科和心外科有分工,也有合作,介入治疗不能解决的问题,还须由心外科来解决。心内科介入治疗的发展,还需要心外科做后台保障。我们曾经有过介入治疗术中出现问题,需要心外科医生紧急救治的情况。所以,介入治疗还需要外科手术保驾护航。

论药物

褚 抗心律失常药物的研究这方面,您后来也做了很多工作。

蒋 到后来,我觉得自己老了。介入方法治疗心律失常是年轻医生的事,我就多关注一点药物治疗。

药物的使用,其实是内科治疗的基本措施。很多患者的治疗都离不开药物。电生理、冠状动脉介入等都是专科技术,要专科医生来做;但是药物治疗,一般的内科医生都应该掌握。后来这些技术他们都会了,我就转向了药物研究。药物治疗方面其实水很深,很多情况下是不能采用介入治疗的,只能靠药物。

褚 哪些心律失常要靠药物?

蒋 20世纪五六十年代前,所有的心律失常都是用药物治疗的。六七十年代之后,对心率慢的病人才用人工起搏治疗。80年代后,对有的心率快的病人开始采用消融介入治疗。介入治疗主要用于折返性心动过速。非折返性心动过速主要靠药物治疗,如触发活性和自律性引起的心动过速。何谓触发活性?就是心脏内有一个触发点,它被正常的心搏触发引起快速心率,就得靠药物终止。

褚 那自律性是怎么回事情?

蒋 正常心脏的搏动都靠心脏自己。人的心脏从胚胎期第3个月就开始跳动,一直到生命结束的最后一刻,都是自己搏动,称自律性。正常心脏搏动频率为60~100次/分。如果每分钟在120次以上,那就是快了;每分钟低于30次,那就是慢了。快了和慢了都属于心律失常。正常心脏搏动起自窦房结,它控制了心脏的活动。当它的功能不良时,引起下级的自律起搏点跳动。但下一级的自律搏动较慢,也许每分钟只有40~50次,这就是病态了。

回过来再说点触发活性,它是不正常的自律性,要先有一次正常心跳,才能触发一串心跳，生成心动过速；自律性就是天生的自有活性，不需要任何外界触发。这就是二者的区别。

褚 那自律活性增加引起的心动过速与触发活性引起的心动过速在治疗上有区别吗？

蒋 治疗上有区别。自律活性增加引起的心率快，主要用一些降低交感神经张力的药物，如β受体阻滞剂、镇静剂就能减缓心率。而触发活性引起的心率快，多数有一定的病因，如心肌缺血、药物中毒、电解质失衡等，因此应查明病因并消除病因，或者选用钙通道阻滞剂。

褚 您说过"药物治疗实际是很难的"，难在哪里呢？

蒋 我指的是，心律失常的药物治疗至今还没有找到理想的药物。所有的抗心律失常药物都是双刃剑，可终止心律失常，也可诱发心律失常，有的有很强的心外不良反应，有的还可诱发心功能不全。因此，这给医生出了一个很大的难题——心律失常要用药治疗还是不用药治疗？如果用药治疗，病人从药物治疗中获益大还是风险大，如何权衡？因此，心律失常的药物治疗很难决策，即使有各种心律失常治疗指南，但在具体病人的治疗决策上，有时还要"摸着石头过河"。

褚 您的研究，主要是对药物的评估？

蒋 主要搞清楚以下几点：第一，这个病人的心律失常要不要用药物治疗；第二，如要用药，选用何种药物；第三，选用此药，病人的获益大还是风险大。

褚 是不是可以理解为，您的研究是在为抗心律失常的药物治疗制定一个使用规范？建立一个使用准则？

蒋 是这样的。

褚 药物治疗简便易行，病人乐意接受，所以现在内科领域的治疗是不是很依赖药物的使用？现在的药物治疗是不是还有很大的改善空间？

蒋 我们治病，有靠药物的，也有靠非药物的。外科手术和介入治疗都是非药物治疗方法，现在心脏内科的介入治疗包括冠状动脉内支架植入和心动过速的消融治疗，都属于非药物治疗。对于心内科医生来说，药物是主要的，但如果药物治疗无效，或者介入治疗比药物治疗的效果好，那就采用介入治疗。

在不同的年代，有不同的药物。远的不说，如抗心律失常药物，五十年前与五十年后已大不同，新的药物不断被研发出来，老的药物不断被淘汰。有的药物效果不好，有的药物虽有效果但是毒性大，这些药物都只能放弃。因此，治疗药物在不断更新。现在治疗冠心病、高血压、心力衰竭的药物比以前大有改进。抗心律失常药物虽发展不快，但比以前更合理。

  任何药物其实都具有两面性，一是有效性，二是毒副作用，二者总是相伴并存。因此，药物治疗能否获益不仅取决于药物，还取决于医生。用药是内科医生的基本功，同一种药物，有的医生用得很好，充分发挥了疗效；而有的医生用得不好，尽显毒副作用。例如以前常用于治疗房颤的奎尼丁，已故黄宛教授多次说过："我用奎尼丁好像没有发生过严重的毒性反应，你们（指他手下的医生）一用怎么老出问题？"还有应用了百年以上的洋地黄，也是不好掌握用法和用量的药物，已故陶寿淇教授也说过："谁会用洋地黄了，谁就是心内科医生。"这是他对应用洋地黄的深层次的理解，也表明我们老一代的心内科医生对用药是如此用心。我们是望尘莫及的，要用一辈子的精神来向他们学习，因此有好的药，还要有好的医生会用。

褚 听说有时候医生会让病人日常服用阿司匹林来预防心肌梗死的发生。

蒋 阿司匹林这个药也很古老了，它的适应证在逐步扩大，现在心内科主要用于抗血小板凝聚，用于血栓栓塞高危病人，例如心肌梗死后、脑栓塞后、外周血栓病等，此类二级预防应用阿司匹林容易掌握。

  但在一级预防中应用阿司匹林的情况就不统一了。前一阶段也许夸大了阿司匹林应用的好处，现在好像有点收敛。阿司匹林也有副作用，尤其是消化道出血，发生率虽然不高，但在服用群体中，累计由阿司匹林引起消化道出血的病人不少，因此阿司匹林用于一级预防时，也要选择血栓栓塞风险高的病人，病人的获益大于风险才能应用，不能不分对象滥用阿司匹林。

褚 什么叫一级预防？

蒋 比如说一个没有心血管疾病的健康人，为了预防血管堵塞，每天吃一片阿司匹林，这就叫一级预防。有过脑梗死、心肌梗死的病人，为了预防再发，应用阿司匹林，这叫二级预防。

  为了预防血栓，每天服一片阿司匹林，到底能得益多少？通俗一点讲，100个老年人服用阿司匹林一年后，与另外100个不服用阿司匹林的老年人相比，可能少了三个发生血栓的人，但多了两个消化道大出血的人——因此真正得益的，只有一个病人。为此，在无症状人群中，阿司匹林用于一级预防还是应该慎重。过去有段时间可能宣传过头了。如果是心绞痛、糖尿病病人，为了预防血栓，服用阿司匹林进行一级预防还是值得的。因此，血栓高危者才推荐服用阿司匹林作为一级预防。

褚 一种药从发现、发明到在临床上可以非常放心、稳妥地使用，凝聚了很多医学工作者、药学工作者的心血。

蒋 现在评价一种药，都必须有大型的临床试验，没有大型的临床试验就不好说，因为个体差异大得很。有的人用了获益，也有的人不一定获益。一个人说好，另一个人说不好，听谁呢？但是几万人用统一的方案治疗，对比试验，经过五年、十年的对比观察，还是可以得出一个结论来。这就叫循证医学。

过去评价一种药物或方法的好坏大多凭治疗个体或医生个人的经验，此为经验医学，甚难获得正确的结论。一个大型临床试验设有对照组，而且还是双盲的，两组病例有可比性，一组为治疗组，另一组为对照组。按统计分析要求，两组病例的基本情况及病情严重程度等没有显著差别，且两组病例的对比人数和应用时间符合要求，并设置了治疗观察的终点。如果在终点上治疗组显著优于对照组，那就肯定了该药治疗的有效性。

自20世纪八九十年代采用循证医学评估药物和不同治疗方法的有效性、安全性后，临床医学快速发展，从此治疗效果有了一个客观评价标准。例如，过去总认为心肌梗死后频发性室性早搏病人的预后是不好的，死亡率要高于无室性早搏者，所以总是采用抗心律失常药物把室性早搏消除掉。自应用循证医学临床试验——心律失常抑制试验(cardiac arrhythmia suppression trial, CAST)后发现，应用抗心律失常药物后室性早搏确实是减少了，但患者病死率反而明显增加了，而且差别显著。这个试验从此扭转了医学界对抗心律失常药物治疗的看法，在心律失常的治疗中产生了划时代的影响。

类似的例子在高血压、心力衰竭和心肌梗死的治疗中都有。所以在采用一种新的治疗措施时，都要看看循证临床试验的结果。

褚 所以现在新药上市，都要通过循证临床试验？

蒋 是的。批准新药的临床应用，评估它的有效性、安全性都要经过循证临床试验。因此，评价一种药物或治疗方法的效果，要比过去的经验医学科学得多。所谓循证，就是依据客观证据评估效益和安全性，而且要符合统计分析规范和要求，并排除人为因素的干扰，由此获得的结果才能经得起实践的考验。

褚 临床试验的病人如何挑选？

蒋 药物要进入临床试验，必须经过伦理委员会批准。在进入临床试验之前，已经做了大量的药理毒理学试验，初步保证了药物的安全性，还要有小样本的临床试用报告，才能报伦理委员会审批，开展大型临床试验。此外，现在各种疾病都有相应的有效药物治疗方法，因此临床试验的设计，对照组基本不能用安慰剂，多采用已有的有效药物作为对照，以保证受试病人无论是治疗组还是对照组，在受试过程中都不会受到伤害，符合伦理学要求；即使应用新药试用，也符合治病救人的精神。

褚 病人在治疗期间从头至尾是否知道自己正身处一次药物试验之中？

蒋 这要符合双盲的要求，用的都是治病的药物，不会对病人产生不利的影响。病人不知道自己吃的是何种药物，医生也不知道，这才能叫双盲对照。但试验要求获得病人的知情同意，参与者要密切配合，服从医嘱。

褚 病人事后知情，会不会反悔？

蒋 不会。参加临床药物试验的病人，都会签订知情同意书，严格执行服药规范。

为什么大型临床药物试验选择中国地区做试验地的情况不多呢？因为很多时候我国病人的依从性差，进而影响到药物试验的可信度，而且资料也不完整。在欧洲、美国要参加这种临床试验，病人都签字知情同意，有时候是免费供药，有时候还要自己负担药费。一期、二期临床试验中基本上都是免费供药，所以我们国家要进行这项工作还是有难度的。

褚 您有没有主持过这样的药物临床试验？

蒋 没有，但是参加过此类大型临床试验，提供限定数量试验病例的治疗效果。

褚 您最早在上海学过一年药学专业。我们也知道，药物的成分有的是生物碱，有的是化学制品。为什么这两种物质能对人体的疾病产生作用？这是化学反应吗？还是别的什么作用？

蒋 每种药物都有作用靶点，药物进入人体之后，起不同的药理作用，通过干预疾病的病理过程而发挥治疗作用。

褚 就像子弹打向目标吗？但是药物又不长眼睛，它会沿着一条怎样的路径奔过去呢？

蒋 你说的是靶向药物，它现在通常指小分子靶蛋白激酶或单克隆抗体，作用于细胞表面受体，阻断信息传递，从而抑制癌细胞生长。现在通用药物的药理作用还不是靶向治疗。

褚 也就是说，药物治疗也是我们医学研究中一个非常重要的发展方向？

蒋 是的，所以不断地有各种新药上市。

褚 但药物也是双刃剑。比如化疗，也有很多盲目的地方。

蒋 对的。所以肿瘤的治疗，现在发展的还是靶向治疗。有些药物是敌我不分的，例如普通的抗癌化学药物对癌细胞有作用，对健康细胞也有作用，所以它的副作用很大，实际上都是毒药，不过毒性程度不同而已。所以，这些药物虽然现在还在用，但今后的研究方向还是一些靶向药物。

新兴学科更有可期

褚 心律失常的治疗还有哪些问题没有解决?

蒋 心律失常,你说现在它的治疗令人满意吗?我觉得不见得令人满意。不满意的地方是:第一,这种病还不能预防;第二,也不能根治和防止复发;第三,缺乏安全、有效的治疗手段。心律失常患者轻则自感心悸不适,重则致残,生活质量低,极严重者甚至引发猝死。急性期的治疗还有点效果,可以恢复患者的心律或心率;但要长久保持心律失常不发作则有点难度,且无论药物治疗或非药物治疗,在安全性和疗效方面都存在不少问题。

褚 还是要跑到疾病的前面去阻拦它?

蒋 对,治未病之病。这是传统医学历来主张的治疗措施。它有两个意思,一是预防发生心律失常,二是预防心律失常复发,但目前这两项都做不到。心脏病发展到一定程度,必然发生心律失常。有了发生心律失常的基质(土壤),心律失常必然复发。预防要从源头做起,预防各种基础疾病,这不是心律失常医生所能做到的。

褚 那您在未来心律失常的研究方面,还想做点什么?

蒋 如果我还年轻,可能会对心律失常基质的分子生物奥秘感兴趣,蛋白组学级联反应如何调换通道和受体,对产生的心律失常采取新的干预措施。

褚 您在心律失常领域内做了不少开创性的工作,设想一下,心律失常的研究以后会怎么发展呢?

蒋 我不知道。一个学科的发展总要依赖其他学科的发展,互相依靠,互相促进,互相借鉴。单科独进很少见。心律失常研究的发展,也要借鉴周边学科的发展。有了心电图,才能正确诊断各种不同的心律失常;有了心电生理检查,才了解了不同心律失常的发病机制,才有了生物工程技术上的需求,从而开发了人工心脏起搏与射频消融治疗技术。这些治疗技术改善了心动过缓和心动过速的预后,虽不能说治愈,但已纠正了疾病状态,保障了病人心脏的正常生理功能,使心律失常的治疗进入了一个崭新的时代。

  心律失常的药物治疗经历了百年历史。人类逐渐发现了很多具备抗心律失常作用的药物,逐渐形成了抗心律失常药物学和治疗学。细胞电生理学也被引入临床,让临床医生深入了解了药物作用的电生理机制,促进了抗心律失常药物的发展。但抗心律失常药物治疗的正确评价起始于循证医学临床试验,药物治疗不仅应终止或减少心律失常发作,还应降低患者的总体病死率。循证临床试验表明,几乎所有的抗心律药物都未能做到这一点。它们多有促心律失常作用,有的还加重了心力衰竭,由此提高了临床医生慎重和正确使用抗心律失常药物的意识。

  药物过度使用会走向反面,人工起搏治疗和消融介入治疗过度使用同样也会走向反面。这些都是现在面临思考的问题。任何药物或治疗措施都有它的强适应证、边缘适应证和禁忌证,扩大它的应用范围多存在着危险因素。

  现在已有不少类型的心律失常都有共识采用最佳方案加以治疗,但仍有各种疑难病例难以得到有效治疗。对这些难治性心律失常如何治疗?今后如何预防?曙光在哪里?现有的治疗措施可能难以解决这些问题,需要开辟新的方向。也许可以借鉴现代精准医学的基因组学、蛋白组学和心肌代谢理论,开创另一个治疗年代。

褚 但医学的发展正在突飞猛进,很有可能拐个弯就到了。

蒋 对,医学的发展有一些偶然性。这个偶然,很有可能就在眼前。但是也有可能你不认识,没有开窍。很多事情,随处可见,我们视而不见。但是有人可能会抓住某个灵感,得到很大的启示。我觉得这已经不是我们这一代人的任务了。这个任务寄希望于未来的一代年轻人。

  如果还按照现在的思路研究心律失常,我估计兜不出这个圈子。凭空是跳不出去的,要有相应的学科及其他方面互相启发、互相通气,这里头可能会有人敲开一片新的天地。

褚 年轻人更有可期,这是结合了您自己的人生经验吗?

蒋 也不是,而是历史上往往如此。到了六七十岁还能在学术上有很多的突破与发现的,并不是没有,但是从比例上来讲是非常少的。然而,在自然科学领域里,巨大的突破、新的发现往往是年轻人创造的。

褚 您特别看好年轻人。

蒋　对的。

褚　可是这个年龄的人，通常还在知识积累阶段。

蒋　年轻人确实需要知识上的积累，但他的思路与方法完全是崭新的，他也没有框框。我们现在要想一件事情，往往离不开老框框，怎么能有新创见呢？

褚　那么从个人发展的角度来看，人过了一定的年龄，是不是一直就在某个限度里止步不前？

蒋　那倒也不是。也有老年人思想更成熟了，保持着活跃的创新思维，这在学界也大有人在。

褚　随着年龄的增加还会有新的积累吗？

蒋　有啊，要保持着不断学习和进取的精神，才能保持着人虽老了，但精神永远年轻，跟上时代的发展。

褚　就是您一直说的，一百次与一千次"无区别"？

蒋　对啊。我说的意思是做事总应向前发展，不能无限地重复走老路。

褚　您的这种重复，是否有新的设想？

蒋　两个病人生同样一种病，但不可能一式一样，而是各有各的特征。所以，在治疗上不是简单的重复，个体化治疗就是新意。

褚　您对年轻人的欣赏之中，应该还有很多包容。

蒋　是的。即使他们有时候做错事情了，我还会说，也许你会从错误当中找出正确的路子来。所以他们做错事情，只要不影响、不伤害病人的利益，不构成不良反应，那还是允许的——你不能给他画个圈子，那就没有发展了。

褚　但是年轻人的这种"没有框框"，有一天也会消失。

蒋　这也需要一个环境。我指的是人文环境、外周的环境。像清华、复旦这些名牌高校，历年来一直走在前头。首先，复旦与清华的生源不一样，教得好，学生很容易超过老师。老师很重要，老师一定要开明，要期望学生超过自己，才能看到希望。就像儿子要超过老子，这个家庭才会更好。但我还是说，要做到这点，不容易。所以我一直说，朱道程、熊重廉他们两位的人品与学识都是我的楷模，他们鼓励我大胆工作，批评中有教育，令我受益终生。所以，我也是这样教育学生的，学生一定要放开手脚工作，才可能超过老师。

褚　我记得您说过，您当时很多第一例都是在科里开明的老领导的支持下才得以完成的。您现在对年轻人也给予了支持，这可能也是一种传承。

蒋　是啊。

我的老师，我的学生

- "为人师表，各个方面都应该作为表率，哪怕举止谈话，都会对学生施予无形的影响。为什么有的学生各个方面一看就出身名门？差别在哪里？言谈举止，一看就与众不同。那么你说他是怎么养成的？老师带的。"

- "过去有一句话叫'名师出高徒'，我觉得应该改成'严师出高徒'。名教授为什么能教出好学生？因为严格。人都有惰性，一个人怎么可能没有惰性？但是如果对他要求严格一点，就能把事情做好。"

- "现在他们都走到我前面去了。现在他们做的事情比我做的深入多了，有些内容我都看不懂了。我想这是应该的，学科就是这样一代接着一代发展起来的。"

- "我一路都是在名师的熏陶下成长起来的。现在我也老了，但我还是十分怀念他们。每当记起他们，自觉好像年轻了一点，因为我在他们面前总觉得自己还是小字辈。"

优秀的年轻人总是很耐苦

褚 上次提到您对年轻人的欣赏,这个话题我们可否略展开谈一谈?年轻人的学养积累不够,会不会也是一个制约?

蒋 有优点就有不足,相随相伴。太成熟了,那就框框太多,他就会在这些自己已经熟悉的框框里思考、想问题,也会跳不出这些框框。年轻人通常不会受原先固定看法的束缚,比如有些问题我们觉得没有必要深入研究了,但年轻人想的是不一样的——我们对有些事情很少怀疑,但他们就会怀疑,这里头究竟是对还是不对?所以他们想问题是另外一种思路,那当然也有可能是想偏了,想弯了,想到别的弯路上去了……但也可能是想对了,跳出了常人的框框想问题,也就是开创了一片新天地。

所以不能限制年轻人,应该让他们尽管去想新问题,就算想偏了,可能会碰钉子,碰到钉子后他们就会回头。回头并不代表这段路白走,因为尝试过了,尝试后失败了,失败后再换一条走走。他们就是在很多次的失败中得到了成长。

年轻人如果有自己的想法,就不能给他们太多条条框框。体现在我们临床工作中,只要对病人没有损害,不损及病人的利益,就要允许他们去想,允许他们去尝试——比较起来,也许他们成熟得更快。另外,旁边如果有个业务成熟的人给予指点,给他敲敲木鱼,那有可能会少走不少弯路。这比成天提醒"你这个也不能做,那个也不能做……"要好得多。我刚才举例来说,学术上有创新的,都是年轻人,历史上很多例子都是如此。达尔文在二十多岁环游世界的时候,看到世界上那么多奇怪的现象与问题,他开始思考,由此得出了不起的结论,生物进化论也因此产生。所以我想,对年轻人的"奇思怪想"不要限制太多,要允许他们在实践中去探索,但是决不允许在临床上尝试毫无根据的空想。

褚　所以，学识不足的问题，可能就如您所说，边上要有成熟的人给予指点。

蒋　要老中青互相结合。一个单位如果全是老头老太，那就没有生气，不会有创新；但如果全是一帮小伙子的话，很多事情都要自己去摸索，可能会走不少弯路。所以一个学术团队肯定要有合理的组合才比较完整，才可以去做一些有创新性的工作。

褚　现在的优秀年轻人，与您那个时代的优秀年轻人相比，有什么共同的地方，又有什么不同的地方？

蒋　优秀的年轻人不论过去还是现在，他们在年轻的时候，求知的欲望都很强烈，有钻研精神。这是第一个共同点。但是一个人的能力，脑子灵活的程度，记忆力的强弱，还是会有个体差异。不同个体天赋不同，这是不可否认的，但天赋也不一定是成功的决定性因素，也许刻苦努力、做有心人才是成功之母。

第二个共同点是勤劳。过去的年轻人同现在的年轻人是不是有区别？我觉得差别不大。有志的年轻人，过去整天在图书馆看书，现在信息获得方式不同，有些资料或许手机上就有。方式不同，但内容以及求知的欲望还是一致的。但做事总要有目的、有目标，如果做事没有目标，那就失去了方向，可能会一事无成。

第三个共同点是能吃苦。我们那个时候很能吃苦，也没有像现在这么好的条件。你要做一个医生，从一个实习医生、住院医师做起，很辛苦，要值班，第二天交班完毕才能离开医院——医生的时间都掌握在病人手里，在某些方面还是一样的辛苦。但是现在条件不同了，不能像我们那个时候一样要求现在的年轻人。我们那个时候，外面的世界没有像现在这样五花八门，也没有那么多吸引人的地方。我们那个时候做住院医生，要在24小时内完成病历，做完化验；现在很多事情都不用住院医生做了。我们那个时候一个人要管二十几张床；现在一个人只要管五六张床就够了。你说吃苦的程度上，你还要现在的年轻人也吃我们那个年代的苦，好像也不现实。时代不同了，现在对年轻住院医生的要求有些放松，管理上也不那么严格了。

褚　以前有多严格？

蒋　过去我们看到老师，既害怕又尊敬。现在有时候老师说几句，学生可能都没有听进去。你要声音响一点说，他才会听进去。但是对现在的年轻人，也不能像过去管教儿子那样去管教。现在连自己孩子都不能这样管教，要与时俱进。所以过去有一句话叫"名师出高徒"。你说现在这句话对不对呢？我觉得也对，但应该改成

1989年,蒋文平参加研究生答辩。后排:张正春、王声愿、蒋文平、钱剑安、徐铁、汪康平等。前排:蒋百康、朱道程、龚兰生、于志明、熊重廉等。

"严师出高徒"。因为这样的话,可以对年轻人有点约束。

褚 也就是说,自律性这个东西会随着年纪的增长而逐渐拥有,但年轻的时候还不会完全具备。

蒋 对。这个问题回过来说,可能责任还是在老师身上。老师应该以身作则,要求应该严格一点。

褚 做老师,真是任重道远。

蒋 你说一个名校,到底是硬件重要,还是软件重要呢?名校一定要有名教授,没有名教授,就成不了名校。名教授为什么能教得出好学生?因为严格。人都有惰性,一个人怎么可能没有惰性?但是如果对他要求严格一点,他就能把事情做好。任务多一点,做的事情也就多一点;几天没什么事情,可能也就自我放松,连书都看不进去了。为了某个目的去找书看,如果是有目的地主动去找,看完了就记进去了,假如没有这个自我要求,去看什么书呢?对学生的要求也是一样的。

所以,从严要求也是成功之母,如果没有严格要求,哪有今天科技的发展?还有勤奋也是成功之本，现在的年轻人也是勤奋的。如果有要求、有目标，做事或学习就有动力——比如年轻医生想拿学位，就会勤奋地学习。所以名校一定要有好的学风。好的学风能约束学生勤奋学习、从严要求，这样才能教出好学生。

褚 我们刚刚讲的是优秀的年轻人。医学与其他行业一样，有特别优秀的人群，也有普通人群。这两个群体，他们看待问题，所面对的情况，以及平时的状态，都有什么不同吗？就说他们在年轻的时候好了。

蒋 我刚刚说了，一个是天赋，一个是勤奋，还有就是吃苦精神。一个群体里总有不同的状态：有的人自我要求很高；有的人可能放松一点，希望日子过得轻松一点，那也是有的。任何时候，两个极端总是少数，中间的总是大多数。优秀和一般也是相对的，其中还有一个兴趣和感悟能力的问题。有的学生对学医没有兴趣，因而表现就一般，但如果让他去学一门感兴趣的学科，他也可能是优秀的。因此要允许学生调整专业。还有，不同的人对所学专业的感悟能力有差异。例如，有的学生学习解剖学、生理学时都很努力，也很能吃苦，可就是不得要领，不易入门，学不好，那就应及时调换工种或专业，不要在一条路上走到黑。

慧眼识珠

褚 三十年来，您带了很多学生，对不同年龄的学生，是不是要求会有所不同？

蒋 对。对年轻医生有对年轻医生的要求，对已经很成熟的医生有对成熟医生的要求，对科主任有对科主任的要求。比如说对年轻医生，要求要严格，但是要允许他们犯错，另外也要鼓励他们多动脑筋，多做事情，要有"你出事我来负责"的姿态与担当，只有这样，他们才能成长。但是对有一定经验的医生就不能这样，诊断治疗病人过程中万一有个环节失误，那就要问：为什么会错？那不是一般的批评，这个是应该想到的，没想到就是因为没动脑子。年轻医生想不到，是因为他还在成长的过程中，还需要有人告诉他。成熟医生与科主任就不一样了。这些病人都归你管，人家把生命托付给你，你怎么可以不知道呢？责任放哪儿去了？所以对不同的医生，有不同的要求。但我现在老了，也不在位了，人家都叫我"蒋爷爷"，我把他们都当小辈看待，不再那么"凶"了。

褚 您的学生是跨年龄又跨学科的，有药剂科的，也有消化内科、呼吸科的。现在这所医院里很多骨干医生都曾经是您的学生，您是看着他们是如何一步步走过来的，他们有的可能在学科上有凸显，有的可能在另一些方面有凸显……一个学生，有没有在他年轻时就被看好，看得出来？

蒋 这个是有的。每个人都不一样，这是可以感觉到的。假如说我觉得这个人有培养前途，那我就对他要求特别严格。同样的错误，别人犯，我可能不会很严格地批评；但如果我觉得这个人可以培养，那我就会对他特别严格，他看到我也因此会特别害怕。所以他们会说，蒋老师对有的人特别严。但他们或许不知道，我对某个学生特别严厉，也是因为对他特别有期待。

褚 区别对待也是有道理的。

蒋 但是进我们医院的这些年轻人已经经过筛选，考上了研究生或者在我这里读过研究生。读研究生肯定是有一定要求的，你读我的研究生，出去总得像个样。所以，要知道学生怎么样，就要看看老师什么样子，就好像判断一个孩子如何就得看看父母什么样子一样。

褚 你的学生都是经过您的挑选，还是要通过考试？

蒋 考试。先笔试，然后面试。

褚 您挑选学生更会看重哪些素养？

蒋 一个是基础，所以我甚至会问："你是哪个中学出来的？"

褚 为什么是中学？他们可是来自全国各地的。

蒋 因为中学是基础文化的培养阶段。医生是一种职业，那就要有职业的培训。不同的职业，有不同的职业精神，不同的职业道德。比如做心内科医生，如果大学本科毕业，那先要做全科医生，他得先去大内科转一大圈，要具备大内科的基本知识，最后来心内科专修。如果在其他科室没有轮转好，那来心内科也学不好。任何一个好的专科医生，都必须具备扎实的内科学基础知识。

褚 这段时间要多久？

蒋 至少需要两三年。

褚 这段时间您都不管他们吗？

蒋 管。学生在大内科轮转，他们的所学，从回到心内科后工作中的表现，都可以看出来。现在我觉得是有点放养了。我当时那些学生，现在已经都是各科的科主任了。我不知道他们现在的感受如何，那么多年过去了，如果我过去做得不对，消耗了他们美好的青春年华，只好请他们原谅了。

褚 您为苏州培养了一大批人才。一个是基础要好，还有呢？

蒋 还有就是品德要好，愿意牺牲自己，有奉献精神。

褚 这个在考核时如何发现？从面试中的三言两语就能发现吗？

蒋 发现不了，也看不准。只有在相处、一起工作中才可以了解到。

褚 上次说起，您挑选学生会很注重学生的人品，一个看人品，一个看基础。那您培养学生，有没有倾向？比如，这个学生可能看起来做科研比较好，那就有意往科研方向引导与培养，那个学生倒是觉得做临床比较好。

蒋 有的。不同人的思维不太一样，兴趣也不同。有的人愿意做具体的事，做实事。例如一个实习医生，关照他要做什么检查，他都会圆满完成，先做什么，后做什么，安排得有条有理，操作轻手轻脚。有人说这种人手比较灵巧，其实手是听脑指挥的，也就是说，他的脑子也很灵，这种人很适合做临床医生。也有实习医生老爱提问题，老爱问为什么，有时还会有自己的想法，喜欢反问老师："那样做行不行？"有时还会提出不同的意见，还会引经据典：在某本书上看过不是这样的；而且他做起事来也认真，他会证明自己说的是对的，也会看不少资料。对此类学生，也许引导他做研究工作较合适。因此，人各不相同，各有所长，各有兴趣，老师应顺着他的长处，让其自由飞翔。

褚 内科医生不必开刀，好像也不用动手。

蒋 现在也有介入操作。要做实验，都得动手，一些实验现在都很精细。所以还是要全面发展。

褚 原来老师对学生的考察要求并不低。那么，有没有性别选择上的倾向？

蒋 医学工作男女都适合。不过男女有天然性格上的差别，有的工作适合男性，有的适合女性。但医生要同病人打交道，因此不论男女，对病人应有同情心，要学会理解人。一些大的手术，在台上一站就是十来个小时，男医生的体力就占优势了。有一些医疗操作，如绣花一样要细心操作，如眼科手术、美容手术，那可能女性更合适。还有工作上的方便，如儿科、妇科、产科，也是女医生比较合适。所以说，男女医生各有长处，都能发挥各自的优势。我当科主任的时候，科里的女医生不多，因为心内科很忙，我偏爱用男医生。后来发觉不全对，所以我改正了。

褚 您那个时候招学生，有性别上的倾向吗？

蒋 那个时候有。

褚 还是会倾向一些男学生？

蒋 对。后来改正了，也招了不少女学生，她们在工作上也很出色。

褚 做个好医生要具备哪些条件呢？

蒋 像我们医院已故的陈悦书老师，他医术精湛，品德高尚。还有我们心内科的两位老师朱道程和熊重廉，他们两位也是我们的楷模，胸怀大局，处处以身作则，事事关心年轻医生。否则，哪会有我的今天呢？

褚 所以您到了这个位置之后，对学生也是这样的立场与态度。这也是一种传承。

蒋 这所医院有一百三十多年的历史了。在我们前面的一代人，除了陈悦书、朱道程与熊重廉，他们同年代还有一大批老师，无论做事或做人，他们都是楷模，培养教育了我们这一代。回顾往事，十分有幸能与他们合作共事多年。如今我也老了，还是满怀感激之情，多谢他们当年的教诲，才有我的今天。

褚　从事医疗工作，既要有科技工作者的严谨，又要懂得艺术处理某些关系，所以说这个很难，但是又有一些魅力在里面。做好不容易！

蒋　是这样，现在我好像放松了自己，没有以前那样严格了。

褚　但是他们都说您很平易近人。

蒋　这是后来了，所以有人叫我"蒋爷爷"。

褚　为什么会有这个转变？

蒋　因为我老了呀！

褚　学生们也都成才了。

蒋　对。你也不能总是像管孩子一样的。以前就像管孩子。前面培养的学生，人少，也顾得过来，那时精力也充沛。他们也都从事电生理研究，现在都开辟了自己的天地。我们在网上有一个群，叫"蒋家军"，群成员都是我带过的研究生。

褚　您上次说过，您带过的学生并不算多。

蒋　硕士生和博士生，可能仅有30人左右。

褚　求精不求多。

蒋　主要因为自己能力、精力有限，带多了误人子弟。

褚　您可能偏向科研多一些，所以您的学生也更多有兴趣做科研。

蒋　我那些去国外的学生，现在多数在搞基础研究，而且大多也在心电领域内。

褚　这些学生有没有在这条道路上越走越远，乃至走到您前面去的？

蒋　现在他们都走到我前面去了。现在他们做的事情比我做的深入多了，有些内容我都看不懂了。我想这是应该的，学科就是这样一代接着一代发展起来的。

褚　这可能就是您说的承前启后。

蒋　我们做研究时，一般都要考虑实用性，就是所做的课题要解决什么问题。所以，我们的研究大多是应用性研究，少有纯理论性研究。做理论性研究，我的知识结构与设备条件都还不足。医生要解决的，仅是借助一些实用研究来提高临床诊断或治疗水平。从我这里毕业的学生，有的在临床，也有的走到理论领域去了，看个人机遇、兴趣不同。临床研究要解决的是病人的诊断和治疗问题，而理论研究要解决的是发病机制问题，我们只有将二者结合起来，才能提高自己的医学知识和技能水平。

理想的医学院

褚　您在医学院上课的时候，通常会在课堂上教授什么？临床上的实务会不会拿到课堂上与学生分享？

蒋　大学讲台不是背诵书本的地方，教科书上的东西可以让学生自己看。比如我讲一种疾病，可能只讲这种疾病中的某一个部分，可能是这种疾病诊断上的某个问题，历史上是怎样的，现在还有什么问题，如何解决……剩下的都应该让学生自己看。我不需要一一陈述定义、病症表现，那些东西都可以让学生自己看。

褚　上课更多是提供一个思路。

蒋　现在的大学本科教育存在不少问题。大学老师应该在课堂上反映自己的学术观点，对所讲疾病的看法以及疾病现状，所以老师讲课可以没有讲义的，也可以脱离教材，并且应该有很多的个人阐述。这样的老师上课，才可以带出好学生来。但是现在好像照本宣读的多。

褚　是师资的问题吗？

蒋　我不十分清楚。是学校要求老师按教材内容讲，还是其他的原因？我想，什么叫名校？名校就是有名师的学校，允许老师讲述自己的观点，引导学生去自由思考。

褚　您在医学院教书一共教了多少年？

蒋　一直到六十多岁，我都还在给本科生上课。现在还会去学术会议上做专题讲座。

褚　那您的学生应该非常多。

蒋　是。而且有学生现在还收藏着我过去上课时的笔记。我上课都是很有条理的，基本没有废话，所以一堂课下来就是一本讲义。大学教育都应该这样，过去我们听课也都是这样。以前我们听课也都记笔记的，现在都不记笔记了。大学讲课千万不能照本宣读，必须讲重点，讲精华，讲现状。而且医学院的教科书一般只能用四五年，然后就要重新修订。

过去我们上课，比如讲心血管疾病，我会从第一个病种讲到最后一个病种，都由我来讲。现在不是了，各个病分散给各个老师讲，所以无法检查教学质量。

褚　这是为什么？

蒋　因为每个老师都需要教学时数作为晋升的依据。

褚　教学医院的医生都有教学职称？

蒋　是的。但并非所有教学医院都这样，有的有教学职称要求，有的则没有这个要求，只有医疗职称也可以。

褚　您当时负责哪些课程的教学？

蒋　我那时候上课已经分科了。比如呼吸科医生去上呼吸科疾病方面的课程，心脏科医生去上心血管疾病方面的课程。

褚　课程也会再细分吗，比如心绞痛、高血压等？

蒋　其实最好是一个系统的疾病由一个老师从第一个病种一直讲到最后一个病种，这样比较系统，而且老师知道某个问题放在哪个病种里讲比较好。但是现在做不到。

褚　是不是医学院里的老师同时也必须是医院里的医生？

蒋　前期基础课的老师，他们只上课。临床课的老师，他们一般需要兼有教学任务与临床医疗工作，有的还要做手术等。过去我们可以腾出时间，那个时候叫"开门办学"，我带一个年级，50个人都跟着我，教学医院没那么大，我就带他们到昆山去，住在昆山，在那里上课，吃住都在那里。我可以从第一个病种讲到最后一个病种，上午上课，下午带实习，上课是我，带实习也是我，所以和同学们都混得很熟，这个学生什么特点，那个学生什么特点，我都很清楚。这批学生中，现在不少都是我们国家的优秀人才，但在那个时候，他们都是工农兵大学生。你看，那个时候都能把学生培养好。现在条件更优越了，如何培养出更好的学生？这个问题值得深入研究。

褚　您有办法吗？

蒋　我已经不在位了。但是这个问题值得认真思考，不能再放任自流。我相信最后会好的。

教学应该分层次，培养一部分医生将来到基层，适应面上的需要。这部分医

学生珍藏的合影。第一排右八为蒋文平。

生既然到了基层,为了让他们安心工作,国家应出台相应保障政策,以激发他们的工作积极性。光有这部分医生还不行,我们国家还需要顶尖的医生,可以解决疑难病的医生。否则,这些疑难杂症病人去哪里看病呢? 还需要实行轮训制:基层医生要定期到教学医院进修,教学医院医生也要到基层去帮助基层医生提高看病治疗水平。

现在我们国家生活水平提高,文化结构也提升了,人又这么多,医学院的教育也要改变,以适应现在的形势。我刚才说的开门办学,现在也已过时。大学本科教育如何提高教学水平? 如果老师自己都没有搞清楚,那怎么去教学生呢? 比如说,现在我们招了这么多学生,但是教学医院待不下那么多实习生,只能分散到地方医院去。地方医院也不是不可以,可是很多地方医院满足不了教学需求,怎么教学生? 所以说,要提高后期的实习质量,先得把教学医院办好。

褚 学生能自己选择实习医院吗?

蒋 不可以。那样不成自由市场了吗? 还怎么保证贯彻教学大纲要求,提高教学质量呢?

褚　地方医院与教学医院的差距主要体现在哪里?

蒋　教学医院的上级医生一定有比较高的水平。另外一个问题,教学医院的医生为人师表,各个方面都应该作为表率,哪怕举止谈话,都会对学生施予无形的影响。为什么有的学生各个方面一看就出身名门?差别在哪里?言谈举止,一看就与众不同。那么你说他是怎么养成的?老师带的。所以这是一个校风、院风,是有传承的。另外,教学医院的病种多,病人的病情复杂,学生可学到更多的知识,也能学到复杂的思考方法。还有,教学医院操作机会多,学生见多识广,有助于将来的发展。

褚　所以说,医学院的教学水平也应该有一个全面的提高。

蒋　是的。要有好的规范的教学医院,好的带教老师,才能培养出好医生。

褚　说到传承,您一直提到陈悦书的名字。

蒋　陈悦书,不要说是我们医院的专家,其实也是我们国家白血病专业的创始人。那个时候内科虽然很小,但各二级学科的科主任都做到了为人师表、工作严谨,因而带出了我们这批现已老年的接班人。

　　陈悦书,无论是在学术或为人方面,都令人敬佩。他的话很少,但处处是榜样。现在他已不在,他的儿子陈志新也是血液科的医生。陈志新有点像他爸,尤其

2003年,蒋文平与心电界泰斗黄宛教授(中)合影于苏州东山。

是为人方面。不过他也已经快七十了。

褚　他给予您的影响主要是在哪方面，做人还是做事？

蒋　做人、做事、做学问。

　　我所碰到的不少老师都十分令人难忘。大学时候我的老师中很多是从上海去的，从上海医学院到大连创办大连医学院，这批老师上课都很精彩。我刚才说过，上课没有教本，学生勤记笔记的。当时的笔记，我现在都还保留着。之后我到国外，在国外碰到的老师也是这样，然后回到北京。在北京，我们国家有些顶级的专家，我跟他们都共事过。例如吴英恺，是我国心胸外科的泰斗及杰出的创始人；黄宛，是非常杰出的心血管病专家。后来我碰到朱道程、熊重廉，这两位都是江西中正医学院毕业的。他们胸怀宽广，能容人，业务也很精湛。我一路都是在名师的熏陶下成长起来的。现在我也老了，但我还是十分怀念他们。每当记起他们，感觉好像年轻了点，因为我在他们面前总觉得自己还是小字辈。

医学的极限

- "发病的天然因素（如年龄的增长、基因缺陷等）是不能纠正的因素，但附加因素是可以控制的，那就是要有健康的生活习惯，使冠心病延迟发生。可见，很多疾病是可以预防的，我们要做到防病在先，到了有病再治疗，那就晚了。因此，随着社会的进步、防病治疗的普及、治疗技术的发展，人们能活到天年（无疾而终）不是不可能。"

- "年老体衰是一个自然过程，到了一定年龄就会出现这样那样的问题，也就是说，要保证不得病是不太可能的，也不符合自然规律。"

- "医学的目标与方向就是了解疾病的发生发展过程，让它按自身的规律慢慢发展，纠正或治疗促进粥样硬化的一些附加因素。"

- "医生也是普通人，从年轻到成长再到老年，也必须做到老、学到老，放松了也会掉下去。医疗职业道德水平、奉献精神要与医疗技术水平同步发展。"

疾病的发生

褚 您自己作为心内科医生，平时是如何保护心脏的？

蒋 我并没有特别做什么，很平常地过日子。比如说大家吃什么，我也吃什么，没有什么特别讲究，也没有特别爱好。有人说不要吃肥肉，但我也吃一点。也有人说不要吃鸡蛋，可是蛋白蛋黄我都吃。再比如说睡眠，有时也不规则，年轻时也开夜车；睡不好时我也服安眠药，好像都无所谓。实际上我的睡眠不是很好，入睡没有问题，但是经常早醒。

褚 一天的睡眠时间有多久？

蒋 四五个小时吧。有时候睡不好，我也会吃点药，有时候也不吃，睡不着就躺在床上或者看看电视，倒也睡着了。我所有的生活都很简单，没有什么特别要求。我觉得，一个人如果不刻意去追求什么，反而会比较轻松。

有追求当然很好，但也要明白很多事情的发展其实并不掌握在自己手里。最后很有可能就是不得不按照具体的客观情况，该怎么办就怎么办。你预先想好的事情有时候不一定能如愿达成，要准备好随机应变。

褚 您说的"不刻意"，应该只是生活方面，工作上还是很刻意进取的。

蒋 工作上是有计划、有目标的，那不一样，与日常生活不同。做课题那要按照规定来做，比如说数据要反复核实，如果两次差别很大，就要做第三次。这种追求，实际上是一种工作上的追求。

我并没有什么特别爱好，要么看看电影。有人问我："你们医生肯定很注重锻炼身体？"其实我也不锻炼，平时骑车、走路就算代替锻炼了。

褚 医生每日面对病患，不健康的躯体见得多了，会不会成为对自己的一种警醒？

蒋 没有。因为每个人都不一样。比如说，我自己从不抽烟，这是个人习惯，酒可以喝一点，但不多，偶一为之。没有什么刻意追求的东西。

褚 心内科医生给人的印象，好像都是对生活习惯有很高要求的。

蒋 那肯定每个人是不一样的。

褚 咖啡、浓茶都是禁忌吗？

蒋 咖啡，我也能喝一点，但很少喝。

褚 您看到别人抽烟，比如病人，会劝阻吗？

蒋 我会告诉他抽烟不好。我觉得，做什么事情都不要过度，过度就不好了。我举个例子来说明一下就很清楚了：你看，野生的动物通常比圈养的动物健壮。圈养的动物虽然整日不愁吃喝，但是总没有野生的健康。人也这样，所以不要给自己设置太多限制，该做什么就做什么，不过分就好。吃东西也是，不要这个不吃、那个不吃，但也不要摄取无度……总而言之，一切都按照自然状态来过日子可能是最好的选择，有些事情如果刻意追求，结果是好是坏，谁也说不清。

再比如说一些营养品、保健品，它们真的对人体有益？谁能说清楚？还有人说冬虫夏草增强免疫力，谁能证明呢？所以我说，什么事情还是自然一点。我们的老祖宗传承下来的东西，就继续传承下去吧，什么都不要刻意地追求，刻意地追求就违背了自然规律。

褚 还有一种说法就是，自己喜欢吃的东西，可能就是身体潜意识里的需要，这个有道理吗？

蒋 这可不一定。偏食大多是习惯问题。习惯有好坏之分。不好的习惯，任其发展下去，就可能出问题。比如说有的人口味重，难道他体内缺盐吗？在生物界，有的生物确实保留了这些功能，体内缺什么或需要什么，身体会发出信息，在寻食中偏食某些东西，如母鸡要找蛋壳吃，公鸡就没有这个现象。但人类在进化过程中，这些原始功能早已退化，偏食已成为习惯问题了，不代表体内缺此类物质。

褚 您觉得疾病也是一个天然的结果吗？或者说，疾病为何会产生？

蒋 疾病有天然的因素，比如说衰老，随年龄的增长，心血管病或脑血管病的发生率就上升。但早发病或晚发病，个体间有差别。如心肌梗死，有人30岁左右就发生了，但正常人通常要到50~60岁才发病。老年人发生心肌梗死有年龄的因素，年轻人发病有附加因素，如不良的生活习惯（吸烟、过度饮食、高脂血症等）会使冠心病提前十年乃至二十年发生。

发病的天然因素（如年龄的增长、基因缺陷等）是不能纠正的因素，但附加因素是可以控制的，那就是要有健康的生活习惯，使冠心病延迟发生。可见，很多疾病是可以预防的。我们要做到防病在先，到了有病再治疗，那就晚了。因此，随着社会的进步，防病治疗的普及，治疗技术的发展，人们能活到天年（无疾而终）不是不可能。

褚 那像高血压、冠心病的发病是否有遗传的因素？

蒋 这又是一个说不清的问题。说没有，那为什么有时一个家系中有那么多人死于同一种疾病（如高血压脑卒中、冠心病心肌梗死）？说有，那为什么很多疾病（如高血压、冠心病）又大多散发存在，病患之间可能没有任何亲属关系？因此总体来说，像高血压或冠心病这类疾病，不是遗传性疾病，但在发病中可能有多基因因素参与，使某些家族中表现出患某种疾病的倾向性。而遗传性疾病大多为单基因突变引起的。

褚 父母携带有缺陷的基因肯定会遗传吗？

蒋 会遗传，但不一定患病。只有在致病基因是显性基因或致病基因是隐性基因且是隐性纯合子时，才发病，此类疾病都是单基因遗传性疾病。在心血管疾病中，多见于遗传性心律失常，而普通的心血管疾病大多不是单基因遗传性疾病。

心脏病从哪里来?

褚 还有一些心脏病是先天性的。

蒋 先天性心脏病也不是遗传的,是在胎儿期发育的某个环节上发生了障碍,导致出生后心脏出现了缺陷。

褚 为什么会有先天性心脏病,但是却没有先天性胃病、先天性肠病?

蒋 可能也有,不过我不知道。

褚 是不是心脏的结构构成在胎儿期是比较敏感的?

蒋 不。在胎儿发育的某个阶段,比如说,胎儿在三个月之前,各个器官都在分化,在这个分化过程中,如果母体用了一些不该用的药,干扰了器官的分化;或者发生了病毒感染,比如说有些孕妇在怀孕期的前三个月内感冒了,病毒可以侵犯到胎儿——这个过程中,胎儿的发育也可能会受到影响。所以怀孕前三个月要特别小心,预防感冒,患病后不要自行乱用药,因为这一时期胎儿的各个器官都在分化中。到孕期五六个月的时候,胎儿发育已经定型,就不大要紧了。所以说,先天性心脏病不是一种遗传性疾病。

褚 先天性心脏病有什么发病特点吗?

蒋 先天性心脏病在某些地区发病相对多一些,比如高原地区,因为缺氧,那里先天性心脏病的孩子会相对多一些。

褚 先天性心脏病通常是在什么时候被察觉的?

蒋 有的在胎儿期就能明确诊断了。但胎儿期发现的某些异常如房间隔分流、动脉导管分流,孩子出生后基本多能闭合。先天性心脏病一般在婴儿期就能明确诊断。还有一些心脏畸形在胎儿期就能被查出来,可能是心脏发育不良。现在提倡优生优育,所以一旦查出胎儿心脏畸形,就可以终止妊娠。因此,在实行优生优育政策之后生下来的孩子，基本都很健康。

在胎儿发育期间，不是因为遗传因素造成的缺陷，在胎儿期间可以被发现。如果是父母基因缺陷造成的，有的在产前检查的时候就可以被发现，比如通过羊水检查基因缺陷。这些都是产前检查范畴。

褚　产前检查规避了一大批心脏缺陷患儿的出生，但是有一些父母还是要生下来，并且决定在出生后进行手术矫正。这些病患长大后，会与正常人一样吗？

蒋　如果完全矫正，可以与正常人一样。

褚　他们将来患心脏疾病的概率会不会比其他人高一点？

蒋　不会。比如房间隔缺损，患儿到七八岁，乃至成年，都可以做手术；有的患者到了三十岁，心脏功能受损了，这时也可通过手术治疗将缺损部位封闭。现在对房缺、室缺、动脉导管未闭、单纯肺动脉狭窄等还可进行介入治疗，尽早纠正。

褚　心脏病有高发年龄段吗？

蒋　不同的心脏病有不同的高发年龄段。例如，先天性心脏病多见于儿童期；还有遗传性心律失常、特发性猝死，也见于儿童期；心肌炎等多见于青少年；老年人多见的有冠心病、高血压性心脏病等。

褚　遗传性心律失常或特发性猝死很隐匿，不容易被发现，是吗？

蒋　是的，有时候就是突然发生的。比如在马拉松比赛时，有的人突然摔倒就猝死了，但他平时可能是一个很健康的人——当然这种情况很少，在马拉松比赛中，可能是万分之一的发生率。预先能知道吗？一般很难发现。但肺源性心脏病就不同，如果预先做超声心动图，可提早发现。因此，如果一个家族中有过猝死者，可以建议这个家族中的每个人都去检查一下，看看有没有相同的基因突变，然后采取预防措施，以避免悲剧的发生。但这种检查一般不属体检内容，因为正常人如果没有特殊状况，不必去做这样的检查。

褚　筛查的成本也大。也就是说，心脏病引起了猝死，有基因突变的原因，也有后天的因素？

蒋　对，此类病例很少。但是，由遗传性缺陷造成的心脏疾病，现在已经引起医学界的注意了，已经成立了一个单独的学科，就叫遗传性心脏病学。这样的病人散在全世界各地，总数可能有几十万——但是几十万稀释在几十亿人群中，只能算是少见病。

褚　这个学科通常设在哪里？

蒋 可能分设在各专科内，如遗传性心律失常现在归心内科治疗。遗传病学现在可能还是基础学科，主要负责基因检测，诊断清楚了，治疗还须按疾病特征进行专科治疗。

褚 这个疾病还没有被攻克？

蒋 对。它是由基因缺陷引起的，尚无法治愈。为预防猝死，可植入前面介绍过的自动复律除颤器（AICD），这样病人发病时它会自动除颤复律。当然，今后分子生物学发展了，也许可以进行基因缺陷纠正。

褚 医生能识别出这种疾病吗？

蒋 假如碰到有典型晕厥史的病人，在排除结构性心脏病后，可做全面的基因筛查。如果筛查结果阳性，再排除其他晕厥因素后，可考虑与遗传因素有关。

褚 这些是确定的吗？

蒋 引起猝死的遗传性疾病除了遗传性心律失常外，还有遗传性心肌病等疾病。对有猝死家族史或疑有基因突变者，都应做基因筛查，因此在诊断上不会遗漏。心肌病死于卒中亦多为继发性心律失常所致。

褚 这些遗传性心脏病，是不是比其他心脏疾病更难对付？

蒋 是，治疗上没有办法，不好纠正。但是对由它引起的症状，可以进行对症治疗。比如对猝死高危者或已发生过猝死者，则植入AICD。遗传性心肌病有多种表现，共同的预防措施是限制体力活动，防止过度激动。

褚 是不是所有疾病当中，遗传性疾病比较难以对付？

蒋 先天性心脏病与遗传性心脏病不是同类的，比如房间隔缺损、室间隔缺损是先天性心脏病，可以通过手术纠正。但是由基因缺陷造成的是遗传性疾病，就不大好纠正。

褚 那么在心脏病领域，现在的未解难题还有吗？

蒋 未解的难题太多了。各种心脏病基本已清楚了，但治疗上各有不同，难度很大，尤其是根治（不复发）的难度更大。

褚 现在可以彻底治愈的心脏病还是很少？

蒋 确实如此。大多是治标不治本。比如说高血压性心脏病，这种心脏病的治疗关键是控制高血压，阻止其发展成高血压性心脏病。如果血压已持久升高，心脏已扩大，心功能已下降，则即使控制了血压，心脏病也不可能逆转了。因此，各种心脏病都应早期加以防治，等到已经发生心脏结构改变，就不容易根治了。

褚 但是高血压很难治愈。

蒋 高血压是不能治愈的,但是可以控制的。现在有很多有效的降压药物,完全可以把血压控制在正常水平。我国现在高血压的治疗现状是:有不少人不知道自己患有高血压;有知道自己血压不正常,但因无不适症状而不治疗的;有接受治疗但血压未达到要求的控制水平的;也有血压正常了,以为高血压病好了,就自行停药的。因此,我国在普及治病的认识上需要好好宣传,才能使广大高血压病患者从治疗中获益。高血压确实难以治愈,但只要坚持服药,血压完全可以控制在正常水平。

褚 风湿病现在很少了。

蒋 随着人们生活水平的提高,防病意识的增强,以及患病以后早期治疗及时,现在的小孩子很少得风湿病了。现在的孩子一有发烧,就被家长早早送去医院,也早早用上了抗生素,所以就极少发展成风湿病。现在成年人患风湿性心脏病也很少。再比如说肺源性心脏病,它是由呼吸系统功能障碍造成的心脏病,只要对老慢支、支气管哮喘等疾病做好预防或及早治疗,就不会发展到肺心病阶段。所以肺心病现在也少见了。

还有,年老体衰是一个自然过程,到了一定年龄就会出现这样那样的问题,也就是说,要保证不得病是不太可能的,也不符合自然规律。就拿动脉粥样硬化来说,冠心病是动脉粥样硬化发展的结果,人类到了一定年龄,血管都会出现粥样硬化,早一点的可能三十岁左右就有,大多数人在五六十岁,晚的甚至可能要到七八十岁才会出现。所以,脑卒中、心肌梗死多见于老年人。但动脉粥样硬化可以延迟发生。但按自然规律,总有一天走向老化,粥样硬化逐步加重。医学的目标与方向就是了解疾病的发生发展过程,让它按自身的规律缓慢发展,纠正或治疗促进动脉粥样硬化的一些附加因素。所以现在清楚了,所谓预防,是指推迟疾病的发生,而不是不让其发生,因为那几乎是不可能做到的。

医学的极限与作为

褚 所以医学也是有极限的?

蒋 你刚问我疾病能解决到什么程度,有多少能治得好,我就说,这要看"治得好"的标准是什么。现在与五十年前相比,治疗水平进步很大,过去不能治的病现在已经可以治了。我指的"可以治",有的是治到这种病消灭了,如天花有记载以来数百年,现在灭绝了;有的可做到根治,即不再复发,如阵发性室上速,消融治疗可使它不再复发;有的可改善症状,提高生活质量,延长生命,如心绞痛、心力衰竭的治疗,现在的治疗效果比以往的治疗效果大有提高;也有的虽不能根治,但可治到与正常人一样,甚至寿命都不打折扣,如高血压病。

七八十年以前,我的老师得高血压,一点办法都没有,以前有种药物叫利血平(现在有的病人也还在用),当时认为这种药很了不起,能用到这种药已经很不错了。但是现在发现该药的副作用很大,并且用了也不一定有效。现在患高血压一点都不害怕,有多种有效的降压药物,只要有规律地长期服用,就可以把血压控制在正常范围,不用担心高血压缩短寿命——换句话说,如果采取正确的治疗方法,高血压并不会发展至高血压性心脏病阶段。

还有一个问题,我们国家的脑出血病人很多,这也是高血压造成的,过去我们看急诊的时候,几乎每天都有脑出血病人。但是现在,脑溢血(脑出血)已经很少见了。为什么?因为高血压得到控制了。虽然患高血压的人很多,但是因为有很好的药物能将血压控制在正常范围,发生脑溢血(脑出血)的人也就少了。不过,发生脑溢血(脑出血)的人少了,而发生脑血栓的人却多了,那是另一个问题了。我说以上这些的意思是,医生治病有极限,但也大有作为,在与疾病做斗争的漫长历史中已取得了伟大的成果。

褚　就是说，把最坏的结果避免了。

蒋　是的。现在人们的平均寿命越来越长，一方面是因为婴儿的出生死亡率降低了，另一方面是因为高龄老人多了。1949年之前，我国人民的平均寿命就只有三十多岁，现在已经达七十多岁。老话说"人生七十古来稀"，可是现在人活到七十岁一点也不少见。这就是医学发展所取得的成绩。

褚　所以，虽然今后疾病还是不能避免，但我们可以推迟它的发生与进展，这个也是医学的进步。

蒋　另外一个就是说，改善病人的生活质量，让病人活得舒服一点，不要在痛苦中度日。这个还是有办法做到的。

褚　如此理解，医学这门学科，还是在帮助人们对抗疾病。

蒋　是这样。医学可以有病治病，没病防病。在防病领域，现在做得还不够理想。因素很多，有医学的问题，也有社会的问题。在治病领域，把病治愈去根，尚有难处，但是减轻病人的症状，让他生活得好一点，生活质量高一点，还是可以做到的。另外就是推迟疾病的发生与进展，让病人的寿命接近或达到人均寿命，这一

蒋文平与孙瑞龙教授参加心脏起搏国际会议。

点也是可以做到的。

但并不是说,现在对每种疾病都能做到这样。比如说肿瘤的问题,肿瘤若是能及早发现、及早治疗,还是有希望治愈的,一旦到了晚期,已经转移,治疗的办法可能就不多了。

褚 那听起来还是很振奋人心的。

蒋 是的。从我做实习医生到现在也不过是五六十年的时间,但是已经大不一样了。再过五六十年,可能又是一个情境了。而且越到后面,医学的发展越来越快,可能过十年就跨一个台阶,再过五年又跨一个台阶,所以人类与疾病做斗争还是有希望的。不过老问题解决了,可能新的问题又产生了。

褚 现在困扰人类的疾病,可能主要还是心脑血管疾病与肿瘤。

蒋 问题还是很多的。不同的国家有不同的问题,不同的地区也有不同的问题。比如说苏州,癌症致死还是居第一位的。

褚 与此同时,现在是不是也有很多医疗资源都被用在癌症的预防与治疗上面?

蒋 那倒不见得。癌症的治疗费用是很大的,尤其是癌症晚期,而且收效甚微。还有心血管、呼吸、神经、消化系统疾病的治疗花费也不小。

褚 现在进入网络时代,我国的医疗水准是不是可以慢慢做到与世界上的发达国家同步?

蒋 基本如此,但差距还是有。比如说在肿瘤的治疗领域,差距还是客观存在的,因为很多药物我们开发得没有西方国家快。用于治疗肿瘤的药品的发展实在太快,新药不断涌现,但不一定每种新药都那么好,只是通过一次次试验与筛选,可供选择的范围还是越来越大。

还有,新的药物、新的技术都需要新的设备来配套,我们一时还很难顾及。我想这个也很正常,我们国家这么多人,可能还是要先解决衣食住行问题,大部分疾病都已能得到有效治疗。医疗技术上的尖端研究当然要做,但也只能逐步展开。有些设备是很贵的,只要有钱就能购置,但要达到会用、用得恰当还有一个过程,不能超越现实,造成配置过度。

褚 而且现在,您说之前五六十年的历程,现在只需要十年就可以完成,那么对于现在的年轻人来讲,是不是压力更大?这个信息量要更加密集一些。

蒋 这个并不困难。

褚 难点在哪里?

蒋　我们一些好的传统要继承。

褚　比如说?

蒋　比如说诚信,比如说服务意识,比如说奉献精神,这些老祖宗留下的传统优良品德不能丢失,要继承下去。要培养一个全面的医生,既有好的技术又有好的作风,不容易,只要一放松就会掉下去。医生也是普通人,从年轻到年长再到老年,也必须做到老、学到老,放松了也会掉队。医疗职业道德水平、奉献精神要与医疗技术水平同步发展。

谁能代替心脏?

褚 我们也说到一些人工办法,人工办法是不是就是使用一些替代品的方法?既然瓣膜可以使用人造,那么是不是以后整个心脏都可以考虑人造?

蒋 有啊,这个叫辅助循环。现在的辅助循环技术远没达到像人工心脏起搏器那样成熟的程度。辅助循环装置现在应用的多为左心室辅助装置。当左心室衰竭,泵血功能降低,出现心源性休克或急性左心衰竭时,利用左心室辅助装置作为临时性辅助治疗措施,待左心功能改善好转后,可以撤除。也有采用此类机械循环支持以等待做心脏移植术的。机械辅助循环尚未达到人工心脏起搏器那样完美的程度,心脏起搏器可终身替代心脏的自身心律。

褚 完全代替心脏吗?

蒋 替代心脏的收缩叫机械循环支持,替代心脏的起搏跳动叫人工心脏起搏器。

褚 一个器官的所有功能都能被替代的这一天还比较遥远,对吗?

蒋 人工的机械装置要替代一个器官,而且要终身替代,至少现在还做不到。器官移植,只要有相配的供体,可以终身替代,但供体不是随时可得到,也不是都能与受体相融。

褚 是因为供体资源还是比较稀缺,而且供体多少也有缺陷?

蒋 整体器官现在难有机械替代,但人工血管可整体替代,如人造大动脉、生物瓣可替代使用终身。人工血管、人工瓣膜技术的应用已有四五十年的历史了,那个时候基本都是进口的,现在我国都能自己生产。这都是外科的治疗技术,内科提供合适的病例。

褚 需要人工瓣膜的病人多吗?

蒋 也不少,但是比在冠状动脉放置支架的人要少得多。过去换瓣的病人多为风湿性心脏病患者,现在换瓣的多为老年性主动脉瓣钙化狭窄。过去都要采用手术的方法,现在采用介入技术也可放置人工瓣,尤其是主动脉瓣。

褚　心脏辅助装置呢?

蒋　现在常用的辅助装置在体外。辅助泵血,它是过渡性应用,用于可逆性重症心衰,待心功能改善后,辅助泵可撤除;也有用于心脏移植病人的,在病人等待供体的过渡阶段使用;还有辅助泵小型化置入体内的,但该项技术尚不成熟,仅处于动物实验阶段。我们苏州工业园区有一家公司在研制中。

褚　那病人是不是出门还得随身带着这套装备?

蒋　目前限在医院内使用,体外携带。二十多年前,体外泵被安装在一辆推车上,病人离不开那辆推车,直到有合适的供体。我在欧洲的心脏移植中心见过这种情况。

褚　心脏移植,我们这边病人多吗?

蒋　我们医院做过几例病人。但是我国不主张遍地开花,所以限定了几所医院可以做。另外,供体也不是那么多,也不可能普遍开展此类手术。因此,现在只有几家成熟的医院,比如北京阜外医院、上海中山医院、瑞金医院等有心脏移植资质的医院,才可以做心脏移植术。

褚　从伦理角度,您如何看待换心手术?"心"这个字眼,古今中外都被赋予了很多的延伸意义。

蒋　器官移植是很好的一种治疗方式。只要患者接受免疫评估,供体心脏选择合适,术后防治抗排异,受体大多有一个好的效果。因此,在我国应该提倡捐献器官,意外死亡或脑死亡者捐出他有用的器官,这也体现了救死扶伤的人道主义精神。

褚　换心手术的适应证可能还不是很多。

蒋　适合接受心脏移植的患者还真不少,比如说心脏病晚期患者、心衰无法治疗的患者。心衰的唯一有效治疗措施就是心脏移植了。

褚　就是供体太少了,对吗?

蒋　是的。不仅供体来源少,还要选择合适的供体,评估供体的健康状况与既往病史。移植成功的关键是供体心脏不被受体排斥,因此要采取多种免疫抑制措施,还要有免疫监测指标观察治疗反应。所以,心脏移植术需要一个完整的团队才能完成,还需要社会支持力量。

褚　何谓"社会支持力量"?

蒋 在国外,针对实体器官移植,官方有一个管理中心,心脏移植也在该管理中心的管理范围内。它管理着心脏供体和心脏受体,分配心脏供体的去向,从心脏获取到植入受体允许"冷缺血"四小时内运送,这些方面都有严格的操作程序和相应的管理法规。各个国家有不同的规定。我国目前只是参照国外的这些规定执行的。

医生是仅次于上帝的人

褚 古往今来的医生，通常会如何看待自己这份工作？谋生的考虑多一点，还是救世情怀多一点？

蒋 作为一个平民百姓，工作是为了谋生。医生也一样，救治病人是他的职业，也就是他谋生的手段，只有求得生存才能继续工作，在有稳定收入的前提下，他才会一心一意、全心全意地为病人服务。但医生是一份特殊的职业，不是从商的买卖关系，他是救死扶伤的职业，他的工作、他的业绩，非金钱所能衡量。生命不是商品，因此医生的工作是无价的。但医生也食人间烟火，也应从他的工作中获得报酬，这同所有工作者获得报酬一样。

不要把医生崇高的工作精神拔得太高，医生也要吃饱了饭才能看病，但是医生可以没有节假日，不分白天黑夜，也可以饿着肚子工作，医生的工作时间完全掌握在病人手中，无论何时何地，只要有病人需要，他必须前往，因此他的工作是伟大的。由此延伸，医院不是赚钱的机构，但它要养活这么多的医务人员，维持医院运转，保持医疗设备的前沿状态，没有钱是不行的。但我们医院是社会公益事业，不能从自身收益中维持医院的运转，医院的发展、医生的工资应从社会公益事业中开支。

褚 那您对现在的医患关系怎么看？

蒋 医患关系总体是好的，但医患间的不和谐比过去多了。原因很复杂，其中有一条与医疗商品化有关：病人出钱"买医"看病，医院商品化，变成赚钱的机构——相互间成了买卖关系，医患怎么能和谐呢？

医生是一种崇高的职业，他们做的是救死扶伤的工作，医患的目标是一致的：医生想把病人的病看好，病人也希望把自己的病治好，双方想的是同一个问题，所以理想的关系应该是相互信任、相互配合、和谐合作——也因此，历来病人都把医生看作是仅次于上帝的人。

后来医疗治病也变成了商品，医患不成了买卖关系吗？照此医生应该把病人看作"上帝"，可是按目前的认识水平，医生还不能把"上帝"的病治好，病人出了钱，受了苦，病照样发展，一身怨气，"看病贵，看病难"的这股怨气不都发在医生身上？因此，医疗服务不能看作是商品，它是一个特殊的服务性行业，为病人服务，为病人治病消灾。医院不是营利性机构，而应该是公益事业单位。医生与患者应该重新回到和谐的医患关系上，互相信任，亲如朋友，是同一战壕里的战友。

褚 蒋老师，您如何看待宗教信仰？您有宗教信仰吗？我不知道国外的医生是否相信上帝的存在。

蒋 没有，我是无神论者。这个问题要简单回答，这是人们想出来的。但是信教，它并没有叫人做坏事，它还是叫人做好事。历史上宗教的产生我也说不清楚，也许因为人们对自然的认识不可解释，太奥妙了，大自然造物安排得天衣无缝。这个实在是太巧妙了，你如何解释？怎么会这样微妙呢？这个自然界如此和谐，是谁的安排？你想呢，你不要说自然界，就说整个人体，也是安排得无与伦比的巧妙。人身上的东西，哪一块是多余的？哪一块也不多余，而且位置也放得非常合适。心脏不会放在外头，心脏就长在里头，外头还有保护。人体组装得如此完美，而且各脏器之间如此和谐，在自然进化中如何形成的？又是谁安排的？如此巧妙，令人惊叹！

就是因为人们对巧妙的世界无法理解，觉得这个世界如此完美却又无法解释，神灵、上帝、菩萨可能就此形成。另外，宣扬"善有善报，恶有恶报"，这也是叫人做好事。不管佛教、天主教、基督教还是伊斯兰教，都没有叫人去做坏事。这是一种信仰，是各人自己的理解，所以没有哪个国家会取缔宗教，反而会保护宗教。但是邪教不是正式的宗教，它引导人们走到错误的方向，所以世界各国都是反对的。

褚 那么宗教可以成为人们心目中的道德规范吗？这么说吧，您接触的都是科学工作者，他们都是唯物主义工作者，为何也有不少信教的呢？

蒋 这是两回事。宗教是一种信仰，唯物主义是对客观世界的一种认识。一个人在做具体科研的时候、解决某个具体问题的时候，是唯物主义者，但是不等于说他没有宗教信仰。比如说牛顿，他是一个伟大的科学家，达尔文也是一个伟大的科学家，但他们都是基督教教徒。涉及灵魂深处，他们有宗教信仰。但是在研究客观世界的时候，他们是唯物的。所以我想，在这个问题上就不要多想了，对于这个大千世界，极大部分还是未知或无知的，我们对客观世界的认识还是极其肤浅的。就让唯心与唯物共存吧，这个自然界今后总会弄明白的！现在不是已经比上古时代明白得多了吗？

中医点滴

褚 蒋老师,我第一次来的时候,您略略提到过你对中医的看法,今天可否再展开来谈谈。您谈到很多未来医学,但中医更多指向我们的过去。

蒋 我们这个民族,几千年来人们生病都是靠中医中药治疗的,但是自西方现代医学进入中国后,西医很快就被人们所接受。现代医学发展很快,把中医有点排挤掉了,所以中医越来越成弱势,弱势到快要被淘汰的程度了。其他不说,就说苏州,苏州原来的吴门医派是很有名的,现在还有很多老百姓愿意接受中医中药治疗。现在的问题是中医后继乏人。

褚 您研究过中医吗?

蒋 我觉得它的理论深不可及。我相信中医中药能治病,只是我们未能完全继承。按原汁原味的中医理论论断,按辨证论治应用中药配方治病似乎也越来越少了,只觉得没有把祖上传下来的宝贝继承好,在我们这几代手里遗失了。这是大逆不道,对不起祖先。

褚 您是否见过,纯中医治好过病?

蒋 见过。我儿子的湿疹就完全是中医治好的。他不足一岁的时候对乳汁过敏,颜面皮肤除了鼻尖上一点皮肤还算好,其他部位全被湿疹所浸,用过不少西药膏,也口服抗过敏药物,都没有用。当时我还在北京,有一位老中医住在我家附近,叫丁鸣九,他见了我儿子的情况,就说可以用点中药试试。那是一种外敷药,由二十几味中药合在一起。他告诉我,只能去同仁堂配,我当时跑了三四次还没配齐,还差两味药。同仁堂的药工说,那两味药实在找不到,不过也不影响药效,回去用香油调和就可以涂用。用了三次,奇迹发生了,小孩脸部干烧结痂;用了六次就痊愈了,且未复发。后来这个方子又被用于治过几个小孩的奶疹,都见效了。说实话,从此我就信服了，中药里面有奇迹。

褚 您学过中医吗？

蒋 "文革"结束后学过三个月，属于扫盲性质，是组织上安排的，当时要求必须脱产学习三个月。说实话，我什么都没有听进去。

褚 经过几十年的西医生涯，您现在又如何看待中医？

蒋 这是一个大问题，难以回答。我是中医的门外汉，对中医治病不能说三道四，但我信一点，中医能治病。但中医治病的理念与现代医学不同。

中医按中医的理念治病，西医按现代医学的理论治病，现在二者互不相通，尚难融为一体。我不清楚什么叫中西医结合，现在的中医院也做CT检查，也做冠状动脉造影，也放支架，术后应用麝香保心丸，还吃中药，也吃规范的西药，这就叫中西医结合了吗？我不清楚如何理解中西医结合，也许有待高人指点。

不管怎么说，我想古代中医能治疗疾病，我们的传统医学要有人继承，要是逐渐失传，那就是历史的罪人。反正我是学不好了，不单是因为老了，更主要的是，西方医学理念在我脑子里已根深蒂固，中医理念已经融不进去了。按我的理解，名老中医先带徒弟，把西医改造成中医，按中医传统理念来治病，还需要传统药工把好中药的质量关。先理出来一些症状，可用根据中医理念开的中药方来减轻此类症状……逐步培养，热心者、有志者先传承下来，再进一步深入研究。这只是我一个门外汉的想法。

也许还想做点什么

褚 您总觉得时间不够用,是因为现在还想再做点什么吗?

蒋 事情是做不完的,只要在岗位上,总想做点事。心律失常是一个大课题,现在比20世纪是有不小的发展与进步,但这些进步和发展基本上是技术性的,心律失常的基本理论在近三四十年以来更新不大。有时难免会想,如果再给我二三十年的时间,还能不能在心律失常机制的理论研究方面做点工作?但我自知已经老了,已经带不动一个团队了。做一个课题,只有沉下去、静下心,既当指挥员,也当小兵,才能凝聚一个团队。

做任何一件事,首先要有兴趣,没有兴趣是做不下去的。现在对心律失常基础研究有兴趣的年轻人也不多。当下要求人们耐得住寂寞,受得了清贫,好像也很难,因为几年出不了成果是常事。心律失常在心脏病中是一个重要课题,一定会有更多的人觉察到应把基础研究搞上去,我想会有这一天的,也自有后来人。

褚 您做了很多事情,一直在竭力避免后继乏人。

蒋 社会在发展,经济在增长,人们的生活水平在改善。人们首先要生活安定、收入丰厚,才能安心工作,做出成绩,回报社会。科研工作探索的是未知,多年的投入可能一无收获。研究生为了完成学业,无奈夜以继日地做实验、写论文,毕业后多转入临床工作,这也是应该的。我们培养的研究生多数来自临床,最后还是回到临床,但是研究生毕业仍有兴趣留在科研岗位,继续从事课题研究的,几乎没有。收入的差距,不能不说是研究岗位上留不住人才的一个原因。此外,我们单位是医疗机构,不是科研单位,要在医院内把科研工作做到出人头地是极不容易的,因为没有这个环境。因此,我早期培养的研究生多还在心电生理领域内继续搞科研，后来培养的研究生都回到临床做心内科医生了。我觉得这也很正常，不顺其自然将被淘汰。

褚 所以您现在看问题也现实了。

蒋 我觉得自己无论脑力、体力，都已跟不上了，所以要有自知之明。还是现实一点看问题。

褚 做一个课题一般需要投入多久？

蒋 是这样：学习一门专业或做一个课题，都需要几年的时间；如果深入下去，越做越深，用一生的时间都不够。

有的课题是很大的，比如心律失常、高血压、冠心病、心力衰竭等都是大方向，投入一辈子的时间都不够。心律失常中还有很多分支课题，如临床消融治疗、基础研究、心电生理研究等，各有不同，都可以系统地做下去，越做越深入，越做越宽广，数十年如一日。只有这样，我们才可能逐渐成为某个领域的专家。

做临床研究也是不容易的。没有完全相同的两个病人，每个病人都要分别对待，治疗也因人而异。历经数十年，从无数的病例治疗中积累丰富的经验，成为医学大家。如果遇到疑难危重病人，不仅需要经验，还要以医学理论作为指导，运用现代技术去治疗病人。因此，现代医学也是一门复杂的人体科学，要求医生具有广博的学识、高尚的人品，应是学者，而不是医匠，所以古人称医生为"大夫"（现在北方还称医生为"大夫"）。

褚 您年轻时，选专业、做课题，如何衡量机遇与挑战？

蒋 我的专业是国家定的，课题是指导老师给的，比如当时要求我学习心血管病专业，导师是心电学方面的专家，我就跟他做心律失常课题。后来回国了，当时国内正大张旗鼓地要"让高血压低头"，我也就融入这股洪流中去做高血压课题。后来又研究过冠心病，做冠状动脉造影，做冠状动脉扩张术（国内首例）。同时我放不下心电学，当时得知国内心电生理研究处于空白，我最早的专业是心电学，于是设法开展心脏电生理研究。开始做经食管心脏调搏，由此一发不可收，越做越深，进而开展心脏插管心电生理检查，再深入开展心内电击直流电消融，进而改成射频消融，又发展到细胞电生理，开展药物电生理研究，把国外已有的电生理研究都补齐了。我们医院当时达到了全国电生理研究的领先水平，我也完成了研究生时期的夙愿。至今，我已步入老年，虽然还有很想做的事，但还没有来得及做完人就老了，只好留下这些遗憾吧。

褚 如果再给您一次选择的机会，您是更愿意全身心投入科研，还是像现在这样，科研与临床两头兼顾？

蒋 一个人没有来世，一生只能选择一次，一切都是命运的安排。如果允许我再有一次选择的机会，那我还是做心血管病医生吧，因为接着做省点力。不过我觉得我的记忆力已经明显不如从前。

褚 可以让这个记忆力的衰退变得慢一点吗？

蒋 我如果不是每天都看书做点事的话，肯定记忆力的退化还要快。我自己感觉是这样。

褚 您以前也一直强调过，这是客观存在的。

蒋 脑细胞肯定越来越少，不会再生。

褚 其他事情不去说，可是积累了一辈子的专业知识，这样慢慢地一点点忘记，可惜吗？

蒋 说不可惜当然是假的，但是你又怎么能够一直抓得住它？人脑不是电脑，按一下键就能跳出来。有些东西我会去看，但看了也不一定记得住。前段时间我的一个学生要从美国回来，他问我，要不要带点什么回来。我叫他带一本大内科学教材回来，最新版的。我说我还想再看看。他说你还看这个干吗？我说我对大内科学已经有点生疏了，但是很想知道现在大内科领域又有哪些知识更新了。他反复问我：你还看干吗？我说，说不定我还得给阎王爷看病。最近他回来了，他说已经帮我买到了。

所以，书我还是在看的，但是看了不一定能记住。还看书，是因为这么多年已经成习惯了。不管记得住记不住，我得再看一遍，浏览一遍，知道现在大内科有些什么事情。

褚 您上次也说，医学院教材每四五年就要更新一轮，不同版本的医学教材您都有保存吗？

蒋 我就让他把最新的版本，国际上最有权威性的《西氏内科学》带一本给我。我已经好几年没有读《西氏内科学》了。

褚 那到底是因为一个什么样的契机让您决定重读？

蒋 我想看看同国内的内科学有什么差别。

褚 一方面是不想忘，另一方面也是想看看有没有新的东西。

蒋　是啊，我得了解一下。

褚　会看多久？

蒋　我会把它看完。也许半年，也许一年。放在手边，就像消遣一样看看，也不是任务，就是了解一下。但它实在太厚了。

褚　一本越编越厚的《西氏内科学》。

蒋　也不是，每一版本是根据具体情况决定厚薄的。

褚　每一版的修订会在哪些地方进行改进？是微调，还是框架？

蒋　要看情况。有时候是作者换了，有时候是主编换了。Cecil这个人去世已经有很多年了，但一直用他的名字来为这套书命名。他是这部教材的开创者，他编写的时候，仅由几个人完成，现在是一个团队，编写的人每次都有一部分更换了，一部分老的可能被替换掉了，但每一个修订版都保持着原有风格。

褚　结构是保持稳定的。

蒋　对。《西氏内科学》代表了美国医学教育中的内科学内容，也代表了美国临床医学上内科疾病的诊疗规范。

褚　既然医学教材一直在更新，会不会有前后矛盾的地方？

蒋　现代医学书籍，不像我们的中医书，版本越老越好。这种教科书，过五年基本上都要再版。

褚　因为发展太快了。

蒋　所以看书都要看最新的。当然有时候你要查资料，还是要回过去看最原始的出处。

褚　做了那么长时间的医生，会不会有知识库更新不及时的情况？

蒋　不看书，更新就不及时。

褚　是不是年轻时候看的东西会记得更牢？

蒋　是这样的。但也不用刻意记，它们都印在脑子里不会忘记的。其实医学知识的真正发展与更新，是在最近五十年，比如像我们心血管专业，实际上五十年来，我们是亲历者，过程都很清楚。所以，我们给学生上课，分析一种疾病时，可以把这种病开始怎样，后来又怎样……整个清晰的脉络都梳理一遍，同学们会听得津津有味。但是你必须知道过去的事情，才能知道现在的进步。这也是医学的历史，但我们清楚地知道的医学历史也只是自己所经历的这段历史。

　　为了弄清医学历史上的一些事情，我特地买了两本关于医学史的图书。例如，

两位老人开怀大笑。

  我想知道窦房结是哪一年被发现的，后来又是怎么研究的，就得去查查这两本书。钻研到一定程度之后，你就不会满足于现有的知识结构，你会想去溯源，所以要去请教历史。

  医学史方面，我们医院陈明斋教授编写过一本《外科学发展史》，可惜还没有完稿他就过世了，因为他着手做这件事已经太晚了。后来是董天华教授和陈赐龄教授帮他完成了此书。作为一个专科医生，要了解本专业范围的历史发展，甚至一项技术经历了哪些曲折历程才完善起来，一种疾病的治疗经历了哪些阶段才达到今天的治疗水平……对历史的了解是不可缺少的。

褚 您也要写一本这样的书吗？

蒋 我不想写了，要写的内容太多，也收集不齐，一个人无法完成。独自完成这样一本著作，现在已经没有这样的人了，可能都需要集体写作，现在已经不像过去了。

褚 这个怎么讲？

蒋 现在分科太细，一个人不可能具备如此广博的知识。

褚 现在获取知识的途径比以前多得多，为什么一个人的知识结构反而会变窄？就像以前医院分科也没这么细。

蒋 过去医生写一本内科学的书，可以一个人完成。我觉得现在基本无法做到。

我跟你说过，北京协和医院的张孝骞教授，他是我国内科学领域非常有权威的专家，很多疑难杂症他都看过，从热带病、传染病、消化道疾病到整个内科疾病，知识非常全面。但现在要培养这样一个人，几乎不可能。这是过去的历史造就了他，现在知识爆炸的年代，恐怕再也不会有如此全面的内科医生了，只能多科协作，各取所长，共同解决疑难杂症。

他人看他

黄俊[1]：老师教的令我受益终生

褚 听说您是蒋老师最早一批学生中的佼佼者。

黄 我是从研究生登记处才了解到我是他的第一个硕士研究生、第二个博士研究生。在我之前，挂在我们科里几位老主任名下的几个研究生实际上也是蒋老师带的。我是"文革"结束后的第一批大学生，也就是1982年毕业的，1984年考上了蒋老师的研究生。但在我本科毕业后还没考研究生的那段时间，也是跟着蒋老师的。

褚 您一边在医院上班，一边做蒋老师的研究生。

黄 对。

褚 当时被分配在哪个科？

黄 当时我们在各个科轮转。被分配在内科的话，要先到呼吸科、消化科、血液科、心血管科这些科室轮转之后再定科。我当时就是在轮转的时候报考了心血管科研究生。心血管科也分好多，有心功能、冠状动脉方向，还有蒋老师的电生理专业。本来我很随便，其中一位老主任朱道程希望我去心功能室，因为我是本院考取的，大家都很熟悉，但我当时确实非常仰慕蒋老师。他在苏州医学院最辉煌的时候，把电生理研究室创建起来了。最早开展电生理研究的时候，条件很差，是从经食管调搏起家的，就是放一个电极到食管里去。

我考到蒋老师名下当学生的时候，他已经用光电感应技术记录了希氏束电图。当时没有设备，这种记录技术难度极大，记录用的是感光纸。当时他已经为苏州医学院创建了这套系统，是与复旦大学方祖祥教授他们合作完成的。有了这套

---

[1] 黄俊：美国阿拉巴马大学医学教授。

系统，我们做一例病人要十几卷纸，然后在暗室里分析病人的心电生理记录——早期的中国电生理就是这样的状态。

褚 您也参与了这个创造性的过程。

黄 对。

褚 在您心目中，蒋老师是一个怎样的形象？

黄 我心目中的蒋主任，既是一位伟大的科学家，又是一位临床大家、教育家。从科研角度来说，在我们当时那种条件下，能开创中国电生理学的新时代，是非常了不起的。不管是动物实验还是人体检查，当时我们在国内非常领先。我后来学了希氏束传导技术，于1992年去了英国，1994年来到美国，跟美国相关研究人员讨论的时候，他们讲起希氏束波分裂，我一点也不陌生。其实几年前在蒋老师手下，我们已经对这种现象做过分析。

褚 就是说，他一直走在很前沿的地方。

黄 我是1984年考上研究生的，当时我们既做一部分动物实验，也做一部分临床实验。动物实验方面做一些心电标测。当时在国内还没有一套标准的标测仪，我们做了一套36导联的标测仪。后来我也因为这个36导联，出国去打江山。

我很幸运，这一生遇到的三位导师都很好。在国内是蒋老师，在英国的导师也是做电生理的，后来到美国，当时的导师发明了526导联，我就凭36导联的经验与他一起做事。所以，我后来一直是沿着蒋老师的方向做电生理研究，在英国做了一系列心房颤动，到美国做了心室颤动，也是围绕心律失常的电生理研究。我一直在做电生理，直到一年前到了这家公司，才开始转向做了点别的。

褚 您后来又读了蒋老师的博士？

黄 我其实是硕博连读的，有五年的时间，也是他的第一个硕博连读学生。开始读硕士，后来论文达到了他的要求，于是直接进了博士班。课程结束，课题在五年时间内完成，于1989年拿到了博士学位。博士毕业后就留在心内科继续做科研，也承担临床工作，还是跟着蒋主任做课题。

褚 蒋老师说过，他那时收的学生是最棒的。

黄 他的学生一共有四十多个吧，其中有十几个在国外。那本学生纪念册我已经带到美国去了。

褚 是的，蒋老师也曾感到可惜，自己最好的学生都在国外。

黄 我们十几个在美国。国内还有很多医生也都是他的学生。

褚 都是从苏州出去的吗？

黄 不一定，也有从国内其他医院出去的，省内、省外都有。

褚 您当时在国内已经读完了博士，出国还是继续读书深造吗？

黄 我是去做博士后研究。在英国做了两年临床医生，到美国继续做博士后研究，做了五年，然后升了助理教授、教授，在美国阿拉巴马大学。

褚 您做临床吗？

黄 我做临床研究，还负责教学工作。

褚 教学与科研。那您的临床生涯应该主要在苏州，在苏州大学附属第一医院。

黄 对。在英国，如果要考医生执照，还得从住院医师做起，专科培训也必须重新来，不会让你直接做心脏科医生。我想想没必要了，所以就一直从事科研与教学了。

褚 您刚刚评价蒋老师是"临床大家"，这个怎么理解？

黄 临床大家不仅要有渊博的学识，还要有缜密的思维。同样看一个病人，他能从非常简单的症状联想到非常重要的点子上去，有的时候很难诊断的病例，到了他手上就能柳暗花明……也许并非很难诊断，只是很难想到，但是他的思路就是会跑到正确的方向上去。我在想，这也有可能是他科研做得多的原因……举个例子，遇到房颤病人，我们通常就事论事，治疗房颤怎么老是不好呢？而他就会想到，是不是应该查个甲状腺功能？一查，果然是甲状腺功能亢进。病因不去除的话，肯定很难治愈；病因不控制，以后还会发作……好多小片段，都能引导他想到正确的地方去。

褚 可是我后来了解到，他已经不大看门诊了。

黄 再举一个消融的例子。国内医院现在对消融还有一些片面的认识，常常是为了消融而消融，有时候不具备指征，也采取了消融术。蒋老师提出的观点就是，做一个好医生，不要为了消融而消融。因为消融并不是治疗快速性心律失常的唯一办法。消融术有一定的适应证与禁忌证，并非所有病人都适合做消融术。他还是很为病人着想的。

确实，他很早就不出门诊了，但还是有很多病人去找他。我听说病房里有时候遇到难题，还会去找他。蒋老师已经八十六岁了，每天还揣着听诊器在医院上班，而且还是骑着自行车去上班。

褚 这种情况在医院里也不多的吧?

黄 不多。前段时间还出去讲课。我最佩服蒋老师的地方是,他讲课的时候,思路很严谨,他从头到尾讲下来,没有半句废话。不论是课堂上还是会议上,大家都很爱听他讲课,条理很清晰。他会一点点抓住你,毫不枯燥,很吸引人。而且他对学生、对医生、对进修医生会采取不同的讲课方式,比如学生基础会薄弱一些,他也会照顾到他们的理解力……所以该讲什么,应该怎么讲,他都非常清楚。

褚 蒋老师科研、临床、教学三方面都做得如此出色,您觉得他是如何做到的?

黄 他早年在匈牙利读博士,受到过非常系统的教育,来苏州之前在阜外医院工作又是一个非常珍贵的培训经历。阜外医院是中国最好的心血管病医院,几乎等同于国家的心血管病中心,无论是科研还是临床,阜外医院各种操作在世界上排名都很靠前。所以我觉得作为医生,蒋老师早年所受的技术培训还是很充分的。

褚 就是说他早年经过了很好的专业培训。一般人很难在时间、精力上兼顾这么多事情,但是蒋老师好像训练有素,方方面面都照顾得很好。

黄 他年轻的时候,学生还是很怕他的。蒋主任在科里十分有威信,如果第二天他要来查房,前一天晚上,病区里大家都会忙着准备病史,准备他提问。

褚 他可能要求很严格。

黄 很严格。他也不跟你多说,有时候可能只是一个眼神,学生心里就有数了:这次没做好,下次一定要做好了。

褚 但蒋老师说现在自己年纪大了,也不那么严格要求了。

黄 以前可不是,以前我们看到他真的很怕。

褚 对您也如此?

黄 对。

褚 蒋老师曾经说过,自己要看人,对一个学生严格,那一定是因为非常看好他;如果他觉得某个学生很一般,或许就不会那么严格了——所以他严格肯定是有道理的。我觉得他有一点特别可敬,八十多岁还每天到医院,不是无所事事,而是每天都在看书、工作。

黄 看书、审稿、查资料。我后来在美国做室颤方面的研究,做除颤器,他都很感兴趣。我到这儿来,他还跟我要材料或者文献看,与我谈起这些,而且问得很细。

褚 他似乎说起过，正在与一个企业合作研发一个体表除颤器，他说马上就要做成了，还在审核阶段，这是他亲自做的吗？

黄 临床部分都是他亲自做的。复旦大学方祖祥负责工程，他负责临床。工程与临床要结合起来，才能完整。

褚 为什么到了这个年龄，别人都在颐养天年，他却还将大量的时间扑在工作上面？

黄 他已经把研究作为一种乐趣，好像闲不下来了。对他来说，已经没有更好的乐趣，他说自己如果不到办公室来，好像感觉就不大舒服。

褚 有时周末也在。

黄 是这样的。

褚 虽然您90年代初就离开了中国，但好像你们一直保持着密切的联系。

黄 我们一直联系的，每年回国，在一些学术会议上也会见面。蒋老师七十多岁的时候，还来美国参加过学术会议。美国的几大心脏学会议，我每年都参加，其中有关于电生理的。再比如美国最权威的心血管病会议，如果参加这种会议，我们每年都能见到一两次。

褚 他的儿子也在美国读书。

黄 对，他儿子也在电生理领域做研究。

褚 您觉得，他身上哪一项优点，您学到了，并且受益终身？

黄 严谨的态度，这一点我受益终身。还有就是能吃苦，在任何环境下，他都能想出办法来——就是我们经常说的，没有条件也要创造条件。所以我在国外做事情，并不会等全部条件都到位后才启动，有时候大家互相帮助着、配合着，就把事情做起来了。做电生理记录仪的时候，蒋老师就说过，如果什么都要等到条件具备再去做的话，那就什么都做不出来。那个光电记录仪以前是用在工业领域的，是蒋老师想出来，要用到医学上来。

褚 那他怎么会知道工业领域有这样一个东西？

黄 他喜欢研究工程，他喜欢跟搞生物工程的人交流，相互交流信息，有的可以相互借鉴。

褚 等于是把医学与工程学结合在了一起，然后电生理上就有了突破。

黄 无论我在英国还是在美国，虽然条件、环境都很好，但免不了有条件没有全部成熟的时候，因此我也要想办法，与人家合作，缺什么就想想有没有能替代的，把事情先做起来就好。

褚 老师的钻研精神与做事的方式方法,您是在当学生的时候就感受到了?还是后来才慢慢体悟到的?

黄 当学生的时候是下意识的,那时候毕竟还是被动的学习。当我离开中国到了英国,尤其是后来到了美国,真正开始自己做事的时候,我有了自己的实验室,我要申请自己的研究基金,我要自己带学生的时候,回想起以前在蒋老师身边学到的点滴,有形无形,都是珍贵的收获。蒋老师当时的那种创研方法,其实我已经学到了不少,现在已经可以用到我自己的学术研究当中去了。

褚 您对学生,跟蒋老师对您比较起来,谁更严格?

黄 我很nice(笑)。当然,我也很严格。

褚 刚才说起,蒋老师跟你请教过除颤器的事情。

黄 以前他就很关心除颤器,因为他是做电生理研究的。我每次从美国回来,他都会饶有兴致地问起一些相关问题:"你是怎么做的?原理又是什么?"我们做的每一步,他都很有兴趣,有时候他的问题对我们也很有启发性。尽管他后来没做到我们这么深的程度,但是他凭着他在电生理学方面的敏感与敏锐,提的问题都很有深度。蒋老师毕竟在临床上有过深耕。只有临床医生做科研时才能想到很深的问题。如果为了科研而科研,有时候是脱节的。我们做电生理研究,最终还是要回到临床,去解决病人的问题。所以他思路很敏锐,能想到一些我们没有想到的问题。

褚 他或许对现在的发展还是有点不尽满意。

黄 经济大潮难免影响医学界,有时候为了追求经济效益,难免有指征把握不严的时候。但是就是我刚刚讲的例子,他还是想尽量不要让病人做消融,如果万不得已,再做。如果可做可不做,那就不要做。

褚 是因为消融有副反应吗?

黄 有副反应,而且每个人的手法、熟练程度不同……所以一定要有指征,达到一定的治愈率,或者医生很有把握,才建议病人去做。还有,以前放支架,该不该放,放一个还是两个,这里面都有一点空间。蒋老师是非常严谨的一个人,做事情从来不考虑任何利益,一切的出发点都是病人是否需要。如果病人药物治疗可以达到效果,为什么要去做介入呢?毕竟介入治疗是有创伤的。他的这个理念,对我影响至深。虽然我不在临床,但现在有好多人来问我一些与疾病相关的事情,我考虑问题的方式和方法是从蒋老师身上学到的。他非常懂得病人的心理,病人找到他,确实与找到别的医生不同。

褚 他说自己老了,不然他还可以做很多事情。但他还是在做很多事情。

黄 对啊,他一直没停。我每次回国其实也很忙,但我每次回来都会去跟他聊一下,每次聊都很开心。

黄 蒋老师把自己的身体也管理得很好,但是我们去问他,他回答说并无特别。

黄 以前最忙的时候,他都回去烧饭,有时候菜都是自己买的。

褚 很多老人到了八十岁之后,就有了种种局限,但是与他聊,发现他依然思路敏捷,每天都这样充实,状态实在令人羡慕。

黄 我跟他聊过,他的生活原则就是越简单越好。现在好多人晚上去锻炼,但是他能动就动,也不刻意,骑自行车就是锻炼了。饮食上也非常简单,以前他还自己在家里烧饭。

以前在病房里,很多病人的情况他都记得清清楚楚。开展电生理研究早期,病人不是很多,所以每个病人的情况他都记得很清楚,哪个病人装了起搏器,情况怎样,他都了然于胸。

褚 尽可能简单,原来也是一种真理。

黄 所以无论工作还是生活方面,我都从蒋老师身上受益很多。

褚 你们现在依然每年见面?

黄 尤其最近二十年,我每年都要回来两次,经常会来看他一下。

褚 黄老师,您现在也是功成名就,到现在这个时候回看师生关系,又是一种怎样的关系?

黄 现在我与他相处,就好像忘年交一样,更是一种朋友关系。我们还是相差了一辈,他就像我的父辈。从前做医生的时候,我还是很怕蒋老师的,同时也很敬畏,后来离开中国,倒是学术交流的机会越来越多,那样的时刻又是很自然的。我们现在就好像朋友一样,每次见面叙聊,他很开心,我也很开心。

褚 您刚刚说过自己也有好几位导师,三位同在心脏病领域耕耘的导师比较起来,各有什么不同?

黄 他们完全不同。英国导师做房颤研究,也是电生理领域的一位大家。美国导师是一位除颤器专家,美国人很随便,他也很随和,但是看待中国似乎戴着有色眼镜,当然也很随和。跟英国导师每次见面都要预约,美国导师与蒋老师都很随和,随时找他，都可以聊一聊。

褚 蒋老师提过，以前在匈牙利的导师，对学生采取的姿态是不管。但是蒋老师自己曾经说过，学生做什么事情，他都知道。而且事无巨细，一起做论文，一起做实验，他都会关注到非常细微的地方。

黄 对。在我们刚刚接触科研，还没有什么特别经验的时候，每篇论文他都会改，细细看过，花好多时间给我们修改，指导思路。

褚 他说要对学生负责。

黄 这方面确实他做得很好。不像现在的一些老师，带了好多学生，但最后连自己的学生都不认识。

惠杰[1]：他搭建了一个广阔的平台

褚 您是哪一年进入医院工作的？

惠 那是1982年，我毕业后就到医院里来了。

褚 您在学校里就跟着蒋主任的吗？

惠 没有。

褚 2012年的时候，蒋主任的学生们为他办了一个师生联谊会，这是一个怎样的契机？

惠 这一年，回来的同学恰好比较多，大家有一天说起来，可不可以借机碰头聚一下。这一年也是蒋主任带研究生整整三十周年，正好当时大家也在同一个地方开会，所以一起筹划了这个事情——"蒋主任与他的学生三十周年"，牵头的有我们的杨主任，还有蒋主任的另一位院长学生，就借一次心血管疾病会议的机会聚在一起。那一次国内很多学生都赶过来了，就在苏州。

褚 蒋主任的学生从事心血管疾病临床工作和研究的比较多，还是各科都有？

惠 原来有一些也在其他科。有些学生是挂在大内科的，呼吸科、消化科都有。

褚 您是哪一年读蒋主任研究生的？

惠 我是1997年毕业的。

褚 这段时间你既读书又在医院工作。

惠 我们一边读书，一边做实验，还要管病人，这些都要兼顾。

褚 那您等于是1994年或1995年的时候跟着蒋主任学习，但1982年的时候已经与蒋主任成为同事了。也就是先成为他的同事，然后又做了他的学生？

---

[1] 惠杰：苏州大学附属第一医院心内科主任医师。

惠　理论上，应该是从大学本科时就是他的学生了。我们从苏州医学院毕业的学生，都听过蒋主任的课，都是他的学生。1982年来医院成为同事，但我们对蒋主任一贯以老师相称，后来读蒋主任的研究生，再次成为他的学生，那是一对一的学习了。

褚　当时是不是心内科来了年轻的医生，都会成为蒋主任的学生？

惠　大多是，也有跟着其他主任的。还有一些学生毕业了到其他医院工作了，但我们都是蒋主任的学生。

褚　您1982年到医院的时候，蒋主任是科主任吗？

惠　他当时是医院院长，应该是副院长。但因为当时我们科里的老主任正在国外，所以由蒋主任具体负责科里的工作，蒋主任在1984年正式成为心内科主任。

褚　他当过一段时间的院长，但是后来自己不想当了。

惠　他先当的是副院长，然后回科室工作。后来又当了一段时间的院长，也干了好多年。最后又回到临床，担任心内科主任，只做业务。

褚　他说自己干不来院长的工作。

惠　那是他谦虚。我认为那是因为他更喜欢学术，喜欢与病人相处。他在任期内，与其他领导一起，把医院建设得很不错，但是他自己还是想回到心内科，把心内科的工作做得更好。

褚　在医院里，做行政与业务是不是有一些冲突？

惠　那是肯定的，行政工作会消耗掉很多时间。对于学者来说，他当然希望自己有更多的时间与精力放在学术上，放在科研上。所以，后来他权衡之后，选择离开行政岗位，回到我们心内科，并且在那个年代做了很多科研工作和临床工作，这些都是值得我们学习的地方。

褚　您一开始对蒋主任的印象怎么样？

惠　其实认识蒋主任还要追溯到更早的时候。我在上医学院之前，曾经有位亲戚得了风湿性心脏病，我来医院探望的时候就知道心内科有一位蒋文平医生很厉害，知道他是一位非常有名的医生，是从北京的大医院调过来的。后来自己学医之后，蒋主任给我们上课，才算是正式认识了。他给我们上课，几乎不用看备课稿，凭着他对教材的熟悉，讲得非常透彻。我们当时在课堂上并不能够全部理解，只能在下课后根据蒋主任讲的这些内容，再结合课本，逐步消化。

我们是到了现在才慢慢领会到，他的知识面以及思维能力，我们作为他的学生,是可以享用一辈子的。我毕业后到了临床,蒋主任每次查房,给我们讲每一个病例,其实也还是一种滋养,让我们对医学、对心血管疾病有更好的理解。

即使当时条件有限,但是我们的工作一直走在全国前茅。那个年代,全国很多医院都派人来我们这里参观学习,这一点直到现在我们都觉得十分了不起,那是因为蒋主任的卓越工作做到了全国领先。我们现在也基本保持着这样的传统。

褚 您的工作与蒋主任的交集主要是哪一块?

惠 我刚工作的时候,主要配合蒋主任做一些实验以及病人的检查,那是刚开始。后来因为临床的需要,我又来临床做了一些病例。蒋主任每次查房,我都会去听,其实大家只要有机会,都会一起去听,受益很大。蒋主任又给我们创造了一个很好的平台。后来我们很多医生都能站在这个平台上,与全国同行进行交流学习。

我们做的工作,蒋主任都要反复审阅、修改,特别是我毕业的时候,论文修改了很多次,每次我都有很大的收获。不单单是我,所有的研究生都如此。蒋主任对论文的要求还是很严格的,因为他一向严谨,对每个人的论文他都会提出很好的修改意见。所以,我们到现在还是保持这样一个习惯,每篇论文都要经过蒋主任的认真修改之后再投出去。

褚 您跟蒋主任在电生理领域有没有其他合作?

惠 蒋主任的研究工作主要集中在电生理领域。在其他领域,他也推进了很多新技术的开展,比如冠状动脉造影、冠状动脉球囊扩张,在国内我们医院是第一例——在1983年的时候就能做这样的工作,那是相当了不起的。1991年,我们还做了国内第一例埋藏式自动除颤器……现在回想起来,在那个年代就能开展那么多的工作,是非常不容易的,在全国范围内也为数不多。别人就算有条件,也做不到这个水准。当然,这可能也跟我们的条件有关——因为我们的条件还不够成熟,所以我们更加努力。

与复旦大学合作完成的多导记录仪,你肯定也听说了。还有一个很有意思的应用就是随身听。随身听,你们用来听音乐,我们将它改造之后用来记录心电图,那个时候24小时动态心电图还没有引入中国,但是我们就有一个用磁带记录心电图的机器。后来随着24小时心电图的普及,这个因陋就简的记录仪就退出了临床,这可能算是我国最早的动态心电图了。类似的仪器或设备,我们还有很多,包括晚电位的标测等,这些都是在我们实验室里慢慢研发出来的,并在一系列杂志上发表了论文……想想看,在那个年代,在那么简陋的条件下,做了不少的工作……如此,确定了我们苏州大学附属第一医院在全国同行业的地位。

褚　跟他有没有印象深刻的、治疗上的合作?

惠　是有一些特殊的病例。早年,比如八十年代的时候,人们对室速还不太了解,一般情况下是给病人用药,用药也不一定有效,但是蒋主任对这样的病人,尤其是一些危重病人,在急诊手术过程中,通过导管终止室速。我们先要了解室速病人的发病机制,我记得那位病人刚刚住进病房,就把他送进导管室(那个时候还不叫导管室,是在放射科的一个机器上),我们送入导管以后,先把这个病人发生室速的机制搞清楚了,给予两个脉冲,室速一下子就终止了。我们感觉,蒋主任能抓住一些特殊的病人,既能给病人解除痛苦,也能了解病人发生室速的一些机制,让我们收获不小。

　　有时候,不能仅仅是处理病人。当然,处理病人很重要,但更需要把发病机制搞清楚,所以通过特殊情况下的特殊做法,我们更多地学到了如何关注病人的发病机制,以利于给更多病人提高治疗效果。现在,室速的处理办法越来越多了,但是现在细细回想,这与我们早年的工作是分不开的。这是我与蒋主任合作中印象比较深的一个病例。

　　当然,我们也一起做过很多实验,比如用ATP(三磷酸腺苷,一种不稳定的高能化合物)阻断房室传导。我们很早就知道,ATP可能会引起副反应,但它也是中止心动过速的特效药之一。既要达到有效,又要规避副反应,这就需要做很多实验——通过动物实验我们知道,多少剂量可以既达到有效的效果,同时又避免产生不良后果。我对这个实验有很深刻的印象,那时候做了好几十头狗,后来我们都用猪做实验。再后来,我做了一个关于除颤的实验,与复旦大学合作研制自动除颤仪,蒋主任也提出了要求。我们就做了这方面的研究,就是通过体外电极,诱发动物室性心动过速(或者说室颤),进行机器自动识别,能够自动放电,自动去除动物的心律失常。这也是我们做自动体外除颤器的一个过程,这个成果后来经申报取得了专利。这也是蒋主任提出来的一个课题。

　　跟蒋主任一起合作的工作很多,我这里只是讲了几个特殊的例子。蒋主任在1985年荣膺首届赛克勒年度医师奖,第二年《医学论坛报》邀请他去美国进行访问交流,当时蒋主任提出过,这些工作与我们的合作分不开。蒋主任一直念念不忘我们的付出,当然我们也很荣幸,可以一起参与蒋主任的研究项目。这些都是三十多年前的事情了。

褚 在一所医院的学科建设中，学科带头人是很重要的。

惠 对，而且他的作用是不可估量的。一个科室如果有一个好的学科带头人，那一定能够蒸蒸日上；如果学科带头人没有这种冲劲，没有想法的话，那么这个科室也就停驻不前了。在医学界往往是这样，很多科室就是因为没有杰出人才，没有领头羊，所以就业绩平平，只是完成基本工作，并没有突出的业绩。

褚 蒋主任在心内科工作了多久？

惠 蒋主任是我们医院的终身教授。他应该是1973年来到我们医院的吧，那个时候还在"文革"期间，所以蒋主任也是有过很多曲折经历的。

褚 你们有没有听过这些曲折经历？

惠 我们了解一点，但是他不会多讲，因为过去的事情已经过去。他一直说，"文革"结束之后，我们迎来了医疗的春天，自己终于有机会将多年积蓄下来的想法予以实现。在此后的工作中，他一直说，也是伴随着改革开放的二三十年，他才做出了很多成绩。到现在，他早已过了退休年龄，但是上班比我们都早，下班可能比我们还晚。节假日我们都在家里休息，他可能还在他的办公室里做他的事情。蒋主任一直在医院，虽然不在病房里了，但是我们有病人还是会请他来看，帮我们来处理一些复杂的、疑难的病例。

褚 也没有离开临床工作。

惠 我们有一些学术活动，他还是会积极参加，这也是给我们起了很好的榜样作用。他的思路还是很清晰，还会给我们指导撰写论文，所以我们碰到一些问题，确实也会去问他。我们成立了一个学会，成立了一个学组，依然需要他的建议。我们的会议如果想邀请一些专家，他也会（利用自己的人脉）给我们提供很多的帮助，乃至包括很多课题的设计……在我们心目中，蒋老师永远是我们的老师。

褚 在这所医院，如蒋主任这样退而不休的老教授应该不多的吧？

惠 学习与工作这两件事情，在他生活中可能是必需的，所以他也把它们当作是生活的一部分，哪怕到了退休年龄，但他心里还是在追求学术，所以医院也希望他能继续为医院工作，聘请他为终身教授，继续给予我们指导，令我们还能继续受益。

褚 您也研究心律失常？

惠 心律失常在我们心内科是一个非常基本的内容，其他内容也是这个领域的扩展。现在心内科医生也逐步在分亚专科，我们几个还以电生理为主，当然还有其他分组，这样大家各有方向，可以做得更细、更精准，符合未来的趋势。

褚 最后想请您用几个定语来概述一下工作中的蒋主任。

惠 他对工作永远严谨、认真、负责，这是我们所有学生的共识，也是我们想要努力学习的榜样。我们也一直在寻找跟他的差距。这个差距不单是学术上的差距，可能还有为人处事上的差距。我们始终觉得，蒋主任在很多方面都值得我们学习。他尊老，他对老的主任，对老的同事，都非常热忱，对一个得了重病的主任，他亲自主持了整个抢救过程，使得这位老主任又多活了八年，这个非常了不起。这段时间，我们觉得他比任何一个医生都更全力以赴，把控全局，从介入手术、术后护理，到心内科的一些辅助治疗……都是他在全力张罗，这也让我们感觉到他的深情。他对学生既是严格的，但是在生活方面也给予了非常多的照顾，这是我们都有目共睹的。这也是我们要学习的地方。

原来蒋主任每天骑自行车上班，现在他很少骑了，走路过来，保证每天准时上班。很多个周末，我们往他的办公室里打电话，竟然都是通的，原来周末他也会在办公室看文献、查资料——这一点我们可能是学不会了，这是我们的同感，但我们还是想努力向他学习。

褚 蒋主任身体很好，有没有作为医生才有的秘诀？

惠 他说公认的一些健康观可能对他未必精准。比如要运动，要保健，他也运动，只不过不是刻意去运动，他认为无谓的运动未必是好事。他每次讲课都讲一个例子，长寿这件事情也要顺其自然，但是心态要好，我现在也非常赞同蒋主任的观点。医生虽然是看病的，但是医生不能保证病人长寿。

褚 我在想，他对学术这种孜孜不倦的追求，可能也是精神上的一种极大动力。

惠 工作可以让他焕发青春，我觉得这也是一点。每天工作就是他生活中一件非常重要的事情，而且是一件有乐趣的事情，所以他非常愿意去做，也做得非常好。

杨晓芳[1]：老主任的人格魅力

褚 您眼中的蒋主任是怎样一个人？

杨 他平易近人，但是又很严格。

褚 这两点又是如何统一在一起的呢？

杨 听起来有点矛盾是吧？其实并不。

褚 他看起来凶吗？

杨 看起来有点严肃，有时候下面的医生可能会有点害怕，其实他是很好的一个人，我一直视他为长辈。1982年，我刚来医院工作的时候才20岁，他对我们就好像对小孩子一样。我说他严格，是在学术方面，学术方面当然是很严谨的。做事情方面，他跟人家是不一样的。

褚 当时您给他当护士长，是不是压力很大？

杨 我1995年当护士长的时候，他已经不再担任心内科行政主任。我们蒋主任还做过医院院长。他跟人家不一样，人家追求名利，他好像对这些都无所谓，做科主任就好了。可能也是因为这一点，我们都特别敬重他。人品如他，是非常罕见的。可以这么说吧，在我们医院，德艺双馨达到蒋主任这样境界的人不多了。

褚 所以迄今还是过着退而不休的生活。

杨 天天上班，而且从不迟到。你想不到吧，他还骑自行车来医院。我上次建议他，为了安全不要再骑自行车了，但是他告诉我说，有几次走路反倒摔跤了。他的自行车就停在边门，然后走进来。他的办公室你们也知道，在10号楼，这是附一院最老的一座楼，他很留恋。

---

[1] 杨晓芳：苏州大学附属第一医院心内科病区护士长。

褚　他在10号楼，这里是心内科病区19号楼，两栋楼挨得很近，他还经常来病区吗？

杨　病房里如果有特殊的病人需要他看，他会过来参加会诊。

褚　这样的会诊多吗？

杨　也不是太多。有时候他也会被请去看一些特殊的病人，经他看过的人就很感动。所以很容易理解，为什么在医院里，大家都那么尊重他。

褚　虽然来得不多，但是大家对他的工作状态好像都很熟悉。

杨　因为我们平时都看得到。还有就是，他对科里老一辈的同事，特别上心。以前我们这里有位王主任生病需要抢救，那段时间，蒋主任天天都在，天天组织协调，天天去那里看他。手术是在外科做的，蒋主任就去外科病区看他。还有我们熊重廉主任住在医院里的时候，蒋主任也天天去看望。在我们看来，这些长辈之间的感情与现在的特别不一样。我常常会想，现在人跟人之间还会有这样深厚的感情吗？

褚　都说蒋主任对学生是很严格的。

杨　对学生是很严格，大家也都知道他要求很严，不允许弄虚作假。当然，他现在不带学生了，已经几年不带了，毕竟他今年（2017年）虚岁也86岁了，他是1932年出生的嘛。

褚　您对他的岁数很上心。

杨　因为蒋主任正好大我三十岁。跟我老爸一样。

褚　所以蒋主任也是父辈一样的存在了。那么，他对你们，一起工作的同事，是怎样的？

杨　和蔼可亲。这么说吧，我几乎没怎么见过他发火，尤其对我们护士。我们相互之间都很尊重。我自己如果有一些健康问题，也会去咨询他。比如，我这几年体检出来胆固醇有点高，去请教他，这种情况下要不要吃药？他就告诉我，你如果吃药呢，吃的方面控制就不用太严。还有一位同事的丈夫，有胸闷和心脏不舒服的症状，但一直不想来医院看，后来听说是找蒋主任看病，就一点也不排斥了，而且也很听蒋主任的话，住了一段时间的医院。所以说，蒋主任要是讲话，那是很有说服力的。

褚　可否理解为这是一种人格魅力？

杨　对，如你所说，这是一种人格魅力，也是他平时做人做事的一个积累效应。

褚　学养、做人、医德，都非常让人敬服。

杨　蒋主任这样的人，我们医院里所有的人都对他非常尊重。

褚　蒋主任说他很早就不出门诊了。

杨　我工作以来，好像就没见他出过门诊。

褚　他说是要把机会让给年轻的医生，但我觉得其实病人也很需要他的吧？

杨　专家门诊对病人有好处，但他觉得要找他看病的人，还是很容易找到他。你现在去他办公室一定会看到，里面全是书。你想他都已经八十多岁了，可还在不断学习。

褚　新进的心内科医生，是不是都跟着蒋老师上过课？

杨　我们是医学院的附属医院嘛，所以都会上到蒋老师的课。

褚　蒋老师是从九十年代中期开始不再担任科主任的吗？

杨　这个记不太清楚了，因为蒋主任一直都在医院没有离开。后面主任有不清楚的事情，还是会向他请教。现在我们病房里有什么重要事情也还是会去找他。

褚　之后的科主任都是他的学生吗？

杨　刘志华好像不是，因为刘志华不是我们医学院毕业的。其他的应该都是。

褚　每个主任风格都不同吧，就算是学生。

杨　这个不会一样。

褚　但蒋主任一定是非常令人难忘的一位老主任。

杨　他如果有什么事情，我是一定会去效力的。只要叫到我，我肯定马上去，哪怕能为蒋主任做一点点事情，是一种很荣幸的感觉。但是通常，他不太愿意麻烦人家。

附录

蒋文平：聆听心音
（记录片脚本）

【解说词】

参照同龄老人的标准，他应该已经退休二十多年了。即便"退而不休"是很多老医生的主动选择，但以八十耄耋年纪，每天还准时出现在所供职的医院，这样的工作状态近乎罕见。这不是一位普通的心内科医生，他叫蒋文平，是国家级杰出贡献专家、中国食管心房调搏技术的奠基人。

【同期声】

蒋文平：你要做一个好医生，要到45岁乃至50岁，才能成为一个成熟的医生。以前的时间都在干什么呢？都在学习，都在积累经验，都在通往成熟医生的道路上摸索。到了45岁，终于慢慢成熟了，这个病人应该这样处理，那个病人应该那样处理，会考虑全面得多了。治疗会给病人带来哪些利弊，都会去考虑。

【解说词】

蒋文平1932年出生于上海嘉定，年幼时因看到家人饱受病痛折磨而决定学医，他1951年考入的大连医学院成立于中华人民共和国成立之初，集结了当时中国顶级的医学专家担任教职，所以从这所医学院毕业的学生，很多人后来都成了中国医学领域各个学科的领军人物。

【解说词】

1956年的秋天，蒋文平从大连医学院毕业。当时正值中国开始实施《十二年科学技术发展规划》，要选派各个学科的人才出国深造。蒋文平因成绩优异，被选派到匈牙利首都布达佩斯，进入匈牙利医学科学院，师从欧洲著名心内科专家葛麦雷教授，攻读心内科医学博士学位。

【同期声】

　　蒋文平：真正深入医学知识，了解疾病，是从匈牙利开始的。很多病人，都是一点点亲眼看着他们好转，看着他们的病情发生变化。

【解说词】

　　当时的蒋文平是带着学习传染病治疗的任务来到匈牙利的，因为当时的中国这方面的人才非常紧缺。但是当他来到匈牙利后，才发现这个国家的传染病并不常见，最先进的医学专业却是心血管病专业。蒋文平将这个情况报告给中国大使馆，大使馆又将这个信息反馈回国内教育部，教育部同意了蒋文平更换专业的申请。正是这个大胆的拍板，奠定了二十年后中国电生理事业的重要起步。

【同期声】

　　蒋文平：我那时候的实验是一个心电的问题，另外还做一个心脏冲击的实验。根据这些曲线来看心脏的收缩状态。

【解说词】

　　心脏的奥秘，至今人类还没有穷尽。心脏结构复杂，心脏疾病也分得细致且井井有条。在十分偶然的机会下，人类发现了心脏在收缩时所产生的电流，从此这个世界上便有了一门了不起的心电学。

【解说词】

　　心电是什么？在心内科医生看来，心脏就像一个小型发电机，它发出来的电流可以用仪器记录下来。如果心脏有疾病，电流就会有改变。医生根据电流改变的状态，就可以判断是哪一种疾病，这就是用心电的办法来反映心脏的疾病。

【解说词】

　　心电知识的新天地激发了蒋文平极大的学习兴趣，他把几乎所有的时间都用在学习上。上午在病房，下午在实验室，晚上在图书馆，除了睡觉就是工作，没有节假日。偶尔空下来，他不看电影，也不逛公园，而是坐在桌前，给国内的恋人写信，细述异国学习生涯的点滴。

【同期声】

　　蒋文平：（那）是一个疯狂接受知识的时期。多瑙河就在我旁边，没有去过。过了五十年，我回去了一次，是带着老伴去的。当年，我不知道在多瑙河边走过多少回，但我竟不知道多瑙河是这样美。

【解说词】

在匈牙利学习的五年中,蒋文平打下了扎实的专业基础,为后来的事业发展积累了充裕的能量。而身处国外,也让蒋文平躲过了国内诸多纷纷扰扰的"运动"的影响,能够一心钻研业务,深入心电研究的前沿领域。

【同期声】

蒋文平:我觉得那是我飞跃的五年,积累了很多。这段时间,对我来说真是黄金时代。

【同期声】

蒋文平:这样的日子不会再有了。走过的、做过的事情,不会再重复了。时间不会重复,走过的就走过了,只能在回忆中,原来是这么过来的。

【解说词】

学成归国,蒋文平被分配到中国医学科学院北京阜外医院,从事心血管病研究和临床工作。当时"大跃进"正在影响国内的方方面面,医学界提出了"让高血压低头"的口号,蒋文平也因此融入这股洪流之中,从事高血压方面的研究与临床工作。然而接踵而至的"文革",也让蒋文平在事业上受到了不同程度的影响。而当时蒋文平正当壮年,处于一个医生的职业黄金期。

【同期声】

蒋文平:(在北京的十年)大部分时间在"文革"中度过,做了很多无谓的事情:开会、游行、贴大字报。

【解说词】

那段时间,大学时代的恋人从哈尔滨被调到北京,也在北京阜外医院任职。一对志同道合的医生在北京结婚生子,成家立业,建立了秩序井然的生活。

【同期声】

蒋文平:人生走过的道路,都是宝贵的经验。有正面的,有反面的,都是宝贵的。

【解说词】

蒋文平是上海人,他的妻子是无锡人。1973年,人到中年的蒋文平举家从北京迁回江南,选择了处于上海与无锡两地之间的苏州,来到苏州医学院附属第一医院心内科工作。

【同期声】

惠杰：那时候我就知道心内科有这样一位很有名的医生，是从北京的大医院过来的。

【解说词】

来到苏州的蒋文平，进入这座红砖小楼，开始了他人生的苏州岁月。当时正值"文革"结束，百废待兴，他夜以继日地投入临床医疗工作中，并恢复了他回国后中断了近十年的研究工作。而这座小楼，也见证了蒋文平此后四十多年在医疗和科研方面的骄人成就。

【同期声】

蒋文平：百废待兴，重起炉灶。而我恢复了我过去在国外做的事情。

【解说词】

1978年，蒋文平主持开展了人工起搏治疗，国内首次在患者体内植入自动复律除颤器。不久，中国首例冠状动脉扩张术也是在他手下完成的。同时，面对国内心电生理研究一片空白的局面，他结合自己在国外学到的心电学知识，想方设法开展了心脏电生理研究，从此一发不可收拾，越做越深，相继开展了经食管心脏调搏、心脏插管心电生理检查等新的治疗技术。

【同期声】

蒋文平：你必须走自己的路，否则你也没法弄。走自己的路，要适合我们的国情。后来想了一个办法，就是经过食管刺激，电流经过心脏，间接起到刺激心脏的作用。

【解说词】

心律失常这种疾病，发作起来骤起骤消，普通的心电图检查难以捕捉，进一步的检查与治疗，就需要依靠更进一步的"电生理"。国际上，临床心电生理学自20世纪60年代中期开始逐步发展与成熟，很是吸引了一大批有志者为之探索。但是，电生理涉及的基础问题比较多，也有不少人感到头疼，觉得这个东西不好掌握，也学不会。三十多年前，光临蒋文平的一束灵感，是借助食管调搏刺激心脏——他成功了。门找到了，方向也就有了。国外开展电生理检查从起步到成熟，经历了二十多年的时间，而在中国，只用了两三年的时间就赶上了。

【同期声】

蒋文平：在20世纪70年代左右，国外已经开展这项电生理检查了，到80年代已经成熟。但这项检查要有相应的设备，首先要有X光机，另外还要有电生理记录仪，要同步记录心脏不同部位的电位，这个事情在当时还有难度，不光我们一家有难度。难度在于资金不足，以及缺乏专业人员。

【解说词】

当时既无设备，又无资金，蒋文平和学生们只能自己动手创建，把通用示波器改成心电监护仪，把地震记录仪改成多导记录心电图，采用的是光敏记录。

【解说词】

论文发表在国家权威期刊之后，立即引起了同行界的高度重视，这项技术也于1991年获得卫生部科技进步二等奖。由于经食管电生理检查简便、无创，病人愿意接受，引起了国内广泛关注，由此举办了多次全国性的培训班，短期内国内很快普及了此项技术，并培养出了一大批掌握电生理知识和技术的心内科医生，节约了不少外汇，还自制了心脏程序刺激仪，为普及心电生理检查创造了条件。

【解说词】

经食管心脏程序刺激无创电生理技术在我国经历了三十余年的发展，经国内同行的开发革新，现在这项技术比过去有了很大的发展。

【同期声】

黄俭：他严谨的态度，令我受益终身。而且他能吃苦，不论什么环境下，都能想出办法来——就是我们说的，没有条件也要创造条件。做电生理记录仪的时候他就说过，如果什么都要等到条件具备再去做的话，那就什么都做不出来。

【同期声】

蒋文平：我觉得做科研，就需要这点精神。

【解说词】

从冠状动脉造影、冠状动脉扩张术，到心脏电生理检查，再到心内电击直流电消融，又发展到细胞电生理，开展药物电生理研究，蒋文平在医院心内科任职的几十年间，将国外已有的电生理研究都补齐了——他在心血管领域里，尤其是在心脏电生理领域内卓有成效的工作，使他赢得了很高的荣誉并取得了累累硕果，也为苏州大学附属第一医院在全国心血管病学科中处于领先地位立下了汗马功劳。医院也达到了全国电生理研究的最高水平。

【同期声】

惠杰："文革"结束之后，我们迎来了医疗的春天，他才有机会将多年积蓄下来的想法予以实现，都是多年来一直想做的事情。在此后的工作中，他跟我们说，他也是伴随着改革开放的二三十年，做出了很多成绩。

【解说词】

平时，蒋文平最喜欢别人叫他"蒋医生"，他一直说，自己的长处就是做医生。20世纪80年代末，蒋文平出任医院院长，但是令人意外的是，没当几年蒋院长，他便主动请辞。

【同期声】

我做过院长，但我自知做不成，所以不做了。我还是安安静静地做自己的学术去吧。

【解说词】

以蒋文平当时的德高望重，应该是院长一职的不二人选。但是蒋医生自己不这样看，他认为做管理工作是自己的短板，考虑再三，还是请辞。他更愿意把自己的时间与精力放在病房，放在实验室，放在讲台上。在医学院，蒋文平更是深受学生喜爱与敬重的一位教授。

【同期声】

黄俭：我心目中的蒋主任，既是一个伟大的科学家，又是一位临床大家、教育家。

【同期声】

黄俭：我最佩服他的地方是，他讲课的时候，思路很严谨，没有一句废话。不论是课堂上还是会议上，大家都很爱听他讲课，条理很清晰。他会一点点抓住你，很吸引人。

【同期声】

惠杰：他对工作严谨、认真、负责，这是我们所有学生的共识，也是我们想要努力学习的榜样。我们也一直在寻找跟他的差距，这个差距不单是学术上的差距，可能还有为人处事上的差距。我们始终觉得，蒋主任在很多方面都值得我们学习。

【解说词】

今天，蒋文平办公室里的书柜仍有七八个之多，里面塞满了各种外语词典与心血管疾病大典，蔚为壮观。他的案头总是堆放着厚厚的原版医学著作，同时还有两台电脑交替回复邮件与查询国外网站最新资料。他总有一种急迫感，觉得医学发展迅速，日新月异，如果不紧密追踪学术前沿，恐怕就要落后。他每日伏案，沉浸其中而其乐无穷。在同事和学生眼里，他是一位把钻研学问当成终生兴趣的人。

【同期声】

惠杰：到现在，他早已过了退休年龄，但是上班比我们都早，下班可能比我们还晚。节假日我们都在家里休息，他可能还在他的办公室里做他的事情。

【同期声】

惠杰：工作可以让他焕发青春……每天工作就是他生活中非常重要的一件事，而且是一件有乐趣的事情，所以他非常愿意去做。

【解说词】

深入一个专业，可能用一生的时间都不够。蒋文平常常说自己老了，不然还可以做很多事情。他也一直说，事情是做不完的，只要人在岗位，就还想要做事。在他看来，做医生就是一辈子的事情了。

【同期声】

杨晓芳：我们都特别敬重他，也特别敬畏。

【同期声】

蒋文平：医生应该是仅次于上帝的人。不管哪个朝代，都应如此，因为医生主宰的都是生老病死之事。

蒋文平年表

1932年　出生于上海嘉定。

1949年　考入上海东南医学院药剂专业。一年后重考。

1951年　考入大连医学院医学系。

1956年　自大连医学院毕业，同年赴匈牙利科学院留学，并在布达佩斯医科大学附属内科医院工作。

1961年　完成学业，获得由匈牙利国家科学技术委员会与匈牙利科学院联合授予的医学博士学位。回国后，进入中国医学科学院阜外心血管病医院心内科工作。

1973年　调入苏州医学院附属第一医院（即今天的苏州大学附属第一医院）。

1978年　率先在国内开展经食管心房调搏术，开创无创性电生理检查技术。

1982年　装配改建多导记录仪，开展有创电生理检查术。

1983年　施行中国首例经皮冠状动脉球囊扩张术（PTCA）。担任医院副院长，直至1985年。

1984年　担任心内科主任。

1985年　担任大内科主任。获卫生部中国医学论坛最佳医师年度奖。

1986年　被授予国家级"有突出贡献的中青年专家"称号。

1986年—1991年 完成了国家课题"冠心病心源性猝死的研究"。

1987年　报告一例用直流电消融房室交界区治疗阵发性室上性心动过速。担任医院院长，直至1989年。

1991年　筹建了细胞电生理实验室，开展心律失常细胞电生理研究。享受国务院政府特殊津贴；获得"江苏省优秀研究生教师"称号。无创性心脏电生理检查技术获卫生部科技进步二等奖。心脏程序刺激仪获国家自然科学进步奖三等奖。中国首例植入自动复律除颤器(AICD)预防猝死。

1994年 "希浦系折返和希浦系折返性心动过速，心肌梗死后期和心肌病室性心动过速的电生理研究"获核工业部部级科技进步奖。"心室内折返、心室内触发后电位诱导的室性心动过速电生理机制"获卫生部科技进步奖三等奖。

1996年 "膜通道技术与应用"获卫生部科技进步奖三等奖。

1999年 被苏州市政府授予"苏州名医"光荣称号。

2000年 获中华心血管病学会突出贡献奖。

2007年 获中国心电学终身成就奖。

2008年 获黄宛心电学奖。

2010年 获江苏省终身医学成就奖。

2011年 获中国生物医学工程学会心律学会突出贡献奖。

2013年 荣膺中国"生命英雄"称号。

2017年 获中华医学会心血管病分会杰出贡献奖。

后　记

　　2017年1月9日中午，陈霖老师打电话给我，邀我加入"东吴名家·名医系列"第二辑的主创团队。我犹豫了一下，因为家中尚有婴儿，本职工作也不清闲，其时尚无信心可以如期保质完成这项重托。但是出于本能的职业敏感，我可以想象出这样一轮深度访谈所能带来的振奋感。当天下午，我从同事那里借来东吴名家第一辑，在最短的时间内拜读了马中红老师撰写的《杨明义访谈录》之后，不禁被这样的诚意之作深深打动。我当即决定要勉力克服一切困难，加入这个团队。同时，毕业多年之后还能再有机会效力母校，于我而言也是一种荣幸。

　　陈老师找到我，我想其中有一个很重要的原因应该是，之前有很长一段时间，我都在从事医疗卫生新闻的采访与报道，对医学领域并不陌生，无论是知识储备还是行业认知，都能比较迅速地进入。但是，我毕竟供职报社，工作所采所写多为短平快式的报道，与长篇人物访谈之间颇有距离。不过当时我已离开采访一线，在晚报的副刊部蓄积了五六年，对人物访谈颇有一些心得与实战经验，对更为长幅的访谈，也跃跃欲试。

　　第一次去拜访蒋老，已经是四个月之后的事情了。虽然在此期间，我曾为资料收集的难度略为烦恼了一下。蒋老成就卓越，但是除了学术论文外，网上可搜集到的文字资料却并不丰硕，后来深入了解之后当然也明白这一切概因他的低调与不重浮名。但若带着不多的准备就去执行这样一次重要的访谈，恐怕也显得不专业与不尊重。

　　在从事医疗新闻采访的八年时间里，我听闻蒋老的大名大多来自新闻同行的赞誉，还有就是业内医生的敬仰。既然书面资料匮乏，我便做一点"田野调查"吧。那段时间我通过自己的朋友圈，很是搜集了一些"蒋文平印象"，印象最深的是

《新华日报》嵇元老师言简意赅的四个字"儒雅高尚"。该是一位怎样的大家才可以衬得上如此隆誉？采访之前，我便很有预期。其间，还有一个小插曲就是，一位资深同行听说我要做这样一部访谈录，羡慕不已，乃至也很想加入。她有过很多次与医学名家面对面访谈的工作经历，但与蒋老这样的重量级名家尚且无缘。她很感慨，如此珍贵的学习机会，在我们的职业生涯中，可能一辈子都碰不到。

蒋老时年八十又五，但他依然思路雄健，真性情，不客套，有一说一，言谈之中充盈着不可多得的睿智。十五次采访，短则一个半小时，长则三小时左右，视当日状态或其他具体情况而定。第一次采访是在五月份，最后一次在十一月份，历时半年，比较密集的采访是在六七月间完成的。每次采访回去，我都尽快将录音整理出来，下回带去给蒋老过目。因为时间紧张，录音整理稿难免粗糙，给蒋老过目，只是请他检阅与事实有无出入，而他几乎每个句子都认真读过，细细修改，连错别字都没有放过。

删减是一定会有的，有些内容谈时兴致勃勃，后来觉得不太适合，起意删掉也是正常的。但他十分理解我这项工作的不易，每有比较大幅的删减，必定会增加差不多同等体量的内容供我选用，常常附纸另写，一写就是好几页。为使我看得懂，他每每写得工整，想必费时良久，想起大家对医生写病历"总是龙飞凤舞"的诟病，我对蒋老的敬重又再添几分。

感谢主编田晓明教授，虽未谋面，但创作过程中时常传来他对书稿的关切之声，也耳闻他对东吴文化、校园文化的深厚独特的情怀。

感谢陈霖与马中红两位老师的邀约，后期他们对这部书稿做了非常认真的审读，又提出了重要的修改意见，他们对工作的事无巨细同样令我受益。感谢苏州大学附属第一医院的王馨荣先生在资料搜集方面提供的帮助，他的文章给了我很大的启发。感谢苏州大学传媒学院陆韵、王磊两位同学的辛劳与付出，他们参与了纪录片的制作，又在照片收集上花费了额外的精力。

这是一次令人难忘的采访经历，感谢在此过程中所有提供过帮助的朋友们。

褚　馨

2018年5月

主编　田晓明

田晓明，生于如皋，旅居苏州，心理学教授，先后供职苏州大学、苏州科技大学，现任苏州科技大学党委副书记、副校长。

副主编　马中红

马中红，江苏苏州人，苏州大学传播学教授，从事媒介文化、品牌传播研究。

副主编　陈　霖

陈霖，安徽宣城人，苏州大学新闻学教授，从事媒介文化与文学批评研究。

图书在版编目(CIP)数据

蒋文平访谈录/褚馨著.—苏州:苏州大学出版社,2020.1
(东吴名家/田晓明主编.名医系列)
ISBN 978-7-5672-2588-6

Ⅰ.①蒋… Ⅱ.①褚… Ⅲ.①蒋文平-访问记 Ⅳ.①K826.2

中国版本图书馆 CIP 数据核字(2018)第 215297 号

书　　　名	：	蒋文平访谈录
著　　　者	：	褚　馨
责任编辑	：	倪　青
出版发行	：	苏州大学出版社(Soochow University Press)
社　　　址	：	苏州市十梓街1号　邮编：215006
印　　　刷	：	苏州市深广印刷有限公司
网　　　址	：	www.sudapress.com
邮购热线	：	0512-67480030
销售热线	：	0512-67481020
开　　　本	：	787 mm×1 092 mm　1/16
印　　　张	：	16
字　　　数	：	267 千
版　　　次	：	2020 年 1 月第 1 版
印　　　次	：	2020 年 1 月第 1 次印刷
书　　　号	：	ISBN 978-7-5672-2588-6
定　　　价	：	95.00 元

若有印装错误,本社负责调换。服务热线：0512-67481020